ⓒ 생명의말씀사 2009

2009년 9월 25일 1판 1쇄 발행
2012년 5월 15일 7쇄 발행

펴 낸 이 김창영
펴 낸 곳 생명의말씀사
등 록 1962. 1. 10. No.300-1962-1
주 소 110-101 서울 종로구 송월동 32-43
전 화 (02)738-6555(본사), (02)3159-7979(영업부)
팩 스 (02)739-3824(본사), 080-022-8585(영업부)

지 은 이 김연희

기획편집 유선영
디 자 인 김혜진
인 쇄 영진문원
제 본 정문바인텍

ISBN 978-89-04-10106-1 (03230)

저작권자의 허락없이 이 책의 일부 또는 전체를
무단 복제, 전재, 발췌하면 저작권법에 의해 처벌을 받습니다.

정 많고 눈물 많은
물새 선생님의
인생 십일조 이야기

박준근 장로 | 전남대 농대학장

얼마 전 오스트리아에서 오신 두 분이 43년 동안 소록도에서 환자를 돌보며 살다가 조용히 귀국했다는 글을 읽었습니다. 젊은 청춘을 머나먼 한국의 소록도에서 한센병 환자들을 치료하며 보내고 일흔이 넘어서야 본국으로 돌아갔다는 내용이었습니다.

같은 동족들도 손을 내밀지 않는 소록도 환자들에게 자신의 모든 삶을 바쳤던 그분들의 삶을 생각하며 많은 감동을 받았습니다. 그리고 주님 앞에서 헌신하지 못하는 초라한 제 자신을 돌아보았습니다. 그러던 중 불현듯 캄보디아의 김연희 선교사님이 떠올랐습니다.

해외선교!

말은 쉽지만 자신의 고향은 물론 사랑하는 가족과 친지들, 친구들을 떠나야 하는 아픔. 그리고 메마르고 삭막한 후진국에서의 선교는 바로 자기 자신을 '죽이는 일'이라는 것을 대부분의 사람들도 어느 정도 알고 있습니다. 어느 선교사에게나 예외 없이 시간이 흐르면 본국의 후원이 점점 줄어듭니다. 이런 저런 사정으로 후원이 없는 가운데에도 죽을 고비를 넘기며 현지인들을 향해 선교활동을 하시는 선교사님들의 아픔과 눈물을 생각해봅니다.

캄보디아 빈민촌에서 만난 김연희 선교사님은 유달리 선한 마음과 강한 믿음을 가진 청년 선교사였습니다. 가냘픈 몸에 얼굴도 예쁜 김연희 선교사님을 캄보디아 현지에서 만날 때 마다 가슴 속에 진한 감동을 받았습니다. 그녀는 양쪽 눈이 실명되어 시력을 상실할 위기에 처했습니다. 그리고 결핵에 걸려 피를 토하는 상황에서도 열심히 빈민촌 아이들을 가르쳤습니다. 캄보디아 청소년들을 향한 그녀의 열정은 건강한 저를 늘 부끄럽게 했습니다. 참으로 주님이 주신 힘과 능력이 아니면 그 힘든 사역을 감당할 수 없을 것입니다.

주님을 섬기는 데 아무런 제약이 없는 한국 땅에서 사치스럽고 안일하게 살면서 움츠리는 고슴도치처럼 신앙생활하는 제 모습에 부끄러움을 느낍니다. 물새 선교사님의 주님을 향한 헌신적 삶은 이 땅에 살면서 작은 예수의 모습을 망각하는 사람들에게 좋은 교훈이요 본이 될 거라 생각하며 감사의 마음을 드립니다. 아울러 하나님께서 물새 선생님을 잘 보호해 주시고 지켜 주실 것을 믿습니다.

이석제 장로 | 내과원장

　함께 신앙생활하며 서로 잘 알고 지내던 자매가 어느 날 머나먼 빈민 마을로 떠난다고 인사를 왔습니다. 하나님이 동행하여 주시지 않으면 도저히 갈 수 없는 눈물의 땅으로 간다고 했습니다. 나의 영적인 빚을 대신 갚으러 가는 것 같아 마음속으로 울었습니다. 착하고 성실하고 기도할 때마다 눈물을 흘리던 자매가 담대하게 선교지로 갔습니다. 물새라고 불리 울 만큼 연약한 자매가 하나님의 부름을 받아 아골 골짜기를 향해 모든 미련을 버리고 갔습니다. 가난한 아이들을 가르치기 위해 부모와 형제와 친구를 떠났습니다.

　하나님 나라를 확장하기 위해 빈민촌으로 떠난 연희 선생님을 위해 저는 지금도 기도하고 있습니다. 가끔씩 전해오는 소식을 들을 때마다 자매 혼자 이겨 나가기에는 너무나 힘든 일들뿐이었습니다. 악성 아토피에 걸리고, 폐질환에 시달리고, 심지어 양쪽 눈이 실명되어 가는 망막박리로 고통 받고, 사업이 파산하여 부도가 난 아버지를 도와주지 못한 자책감으로 3시간동안 기절했다는 등의 소식을 접할 때면 우리 부부는 눈물로 기도했습니다. 죽음을 삶으로 바꾸신 예수님께서 가난한 아이들을 위해 사는 물새 선생님을 지켜 주실 것을 굳게 믿으며 기도했습니다.

　언젠가, 벌써 4년째 빈민촌에서 생활하는 연희 선생님으로부터 놀라운 소식을 들었습니다. 이후에 혹 실명이 되어 앞을 보지 못하게 될 것을 대비해 중국어를 열심히 공부한다는 것이었습니다. 그런 그녀에게 하나님께서는 마침내 화교 선교를 감당하게 하셨습니다. 많은 아이들과 청년들이 물새 선생님을 통하여 하나님을 알아가는 역사가 일어났습니다. 하나님은 그녀를 훈련시켜 물새 선생님이 되게 하셨고 물새 선생님은 하나님의 훈련을 통해 그분의 일꾼이 되었습니다.

이 책은 어느 빈민촌에서 물새 선생님이 눈물로 적은 선교 일기입니다. 절망을 희망으로 바꾼 힘 있는 체험담입니다. 연약한 자매가 어렵고 힘든 빈민촌에서 가난한 아이들을 가르치면서 하나님 나라를 확장해 가는 과정을 생생하게 담은 한편의 거룩한 드라마입니다. 이 책을 읽고 우리 모두가 하나님 나라를 위해 더욱더 헌신하는 물새 선생님이 되기를 기도합니다.

김현우 | 두산 인프라코어 엔진기획팀 과장

3년 전 선교 팀의 일원으로 빈민촌을 방문하였을 때 열심히 주님을 섬기고 있던 물새 선생님을 처음 보았습니다. 은혜 충만한 미소로 선교 팀 한사람 한사람을 맞이하던 모습과 빈민촌 아이들을 사랑으로 대하는 모습이 아직도 눈에 선합니다. 매년 한 차례씩 빈민촌을 방문할 때마다 물새 선생님이 온전히 자신을 하나님께 드리면서 캄보디아를 위해 헌신하고 있는 모습을 직접 볼 수 있었습니다. 자신을 하나님과 캄보디아를 위해 드렸기에 물새 선생님의 미소는 자기 자신의 자랑과 만족함에서 오는 것이 아니라 하나님이 주시는 미소였습니다..

　물새 선생님은 화교들을 품고 있었습니다. 빈민촌에 살고 있는 화교들에게 복음을 전하기 위해 중국어를 열심히 공부하였습니다. 물새 선생님의 이러한 헌신과 열정 앞에서는 육신의 어려움은 전혀 장애가 되지 못하였습니다. 실명 위기에 처해 사역을 중단하고 한국으로 돌아가야 할 상황에서도 물새 선생님은 그 어려운 빈민촌에 계속 남아 헌신과 열정을 중단하지 않았습니다. 이러한 물새 선생님에게 하나님께서는 세밀히 역사하셔서 치료를 받고 회복할 수 있도록 인도하셨습니다.

　물새 선생님의 헌신과 봉사를 담은 눈물겨운 간증이 책으로 나왔습니다. 물새 선생님의 간증은 물새 선생님의 헌신에 대해 응답하신 하나님의 이야기이기도 합니다. 물새 선생님의 간증은 살아계시고 역사하시는 하나님을 느낄 수 있는 좋은 기회가 될 것으로 믿습니다.

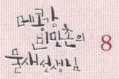

박성진 | CTS 기독교TV 국장

　물새선생님인 김연희 선교사가 일하고 있는 곳은 캄보디아 따뜰락 빈민촌이다. 이곳은 가난을 반찬으로 일삼는 캄보디아 사람과 중국화교들이 뒤엉켜 살아가고 있는 곳이다. 나는 김선교사를 처음 만났을 때, 평신도 싱글 여자 선교사로 캄보디아에서 선교하는 것이 "과연 가능할 것인가." 하는 의구심이 많이 들었다. 그녀가 선교를 하기에는 먼저 다양하게 배워야 할 부분이 있었다. 연희선교사는 계약이 만료되어 후원이 중단된다는 연락을 받았고 실명의 위협… 그리고 체질적으로 허약한 육체와 한국에 계신 부모님의 파산으로 지금 이 순간에도 고통당하고 있다. 하지만 그녀를 향한 끝없는 시련과 고난은 주님께 헌신하고자 하는 자매의 마음에 결코 장애가 되지 못했다. 김연희 선교사의 헌신된 삶을 지켜보면서 선교는 어떻게 하는 것이며 하나님은 어떤 자를 사용하시는지에 대해 고민해왔는데 「메콩강 빈민촌의 물새선생님」은 이 같은 독자의 고뇌에 대한 해법을 잘 제시하고 있다.

나는 가야 한다

언제부터인가 주위 동료들이 나를 '물새'라고 부르기 시작했다. 물에서 사는 새처럼 가냘파서인지 기도할때마다 너무 많이 울어서인지 모르겠지만 그들은 나에게 '물새'라는 또 다른 이름을 지어주었다. 그 말을 들을 때마다 나는 나약하고 눈물이 많은 물새가 과연 낯선 땅에서 주님의 일을 잘 감당할 수 있을까 생각하며 기도했다. 그러나 생각할수록 두려웠고 아무리 기도해도 내가 해야 할 일이 무엇인지 명확하게 떠오르지 않았다. 불안과 두려움이 밀려왔다. 익숙한 삶의 터전을 떠나 1년 내내 덥고 열악한 나라로 가야 한다는 것도 마음에 부담으로 다가왔다. 그것은 항상 부모님과 다른 사람들에게 의지하며 살아오던 작은 새 한 마리가 높고 넓은 창공을 향해 올라가야 한다는 부담이었다. 결국 나는 주님께 기도할 수밖에 없었다. 나의 젊음을 드리기로 결단하였기에 부담이 아닌 감사함으로 가고 싶었다.

그 당시 나는 내가 세상에서 가장 힘든 삶을 살고 있다고 생각했다. 어려운 가정형편을 생각하며 다른 사람들은 나만큼 힘들지 않을 거라고 여겼다. 하지만 캄보디아에 첫 발을 내디뎠을 때 나는 실로 큰 충격에 빠졌다. 그곳에서 나는 너무도 가난하게 살고 있는 아이들이 뜨거운 햇볕 아래 벌거벗고 다니며 우렁찬 목소리로 찬양하는 모습을 보았다. 그리고 그 모습을 본 순간 마치 모래성이 무너지듯 스스로 무릎을 꿇고 통곡했다. 그 아이들처럼 어려운 상황에 처할지라도 나 역시 그렇게 기쁘고 행복한 찬양을 할 수 있을지 자신이 없었다. 항상 나만 어렵고 힘들다고 생각했었는데 실은 엄청난 축복 속에서 살고 있었다는 것을 깨달았다. 그리고 그제야 비로소 앞으로 내가 해야 할 일이 무엇인지 알게 되었다.

  대학시절, 방학 때마다 캄보디아에 가서 빈민촌 아이들을 만났었다. 그러나 이제는 장기 사역자로 가야 했기에 여러 가지 생각이 교차되었다. 본격적으로 그들을 가르치는 선생님이 되어야 한다는 것이 큰 부담으로 다가왔다. 그리고 그 거룩한 부담이 마음속에 가득 채워질 때마다 배우고 싶어 애타게 선생님을 기다리는 가난한 빈민촌 아이들의 얼굴이 한 명 한 명 떠올랐다. 낮에도 밤에도 나의 머릿속에는 온통 커다란 눈망울로 나를 바라보는 따뜰락 빈민촌 아이들뿐이었다. 유난히 눈이 큰 페론, 잘 먹지 못해 영양실조에 걸린 티다, 너무나 예쁜 미소를 지닌 스라이 닝, 까무잡잡하고 해맑은 스라이 짭… 귀여운 중국 화교 모이젓… 수왕… 나린… 서

우라앙 등등 모두가 나에게는 너무도 사랑스러운 아이들이었다.

나는 가야 했다. 가난하지만 온 힘을 다해 주님을 찬양하는 사랑하는 빈민촌 판자집 아이들에게 가야 했다. 그들을 가르쳐야 했다. 나는 빈민촌 아이들을 통하여 내가 해야 할 일이 무엇이며 앞으로의 나의 비전이 무엇인지 찾을 수 있었다. 그것은 바로 하나님께 젊음의 십일조를 드리는 것이었다. 결국 나는 주님이 사랑하시는 땅 캄보디아에 가서 아이들을 가르치기로 결단하였다. 선교지 따뜰락 빈민촌을 향한 나의 조그마한 젊음의 십일조는 그렇게 시작되었다.

대학생 시절, 교내 글짓기 대회에서 수필 부문 가작에 당선된 일이 있었다. 그 이후 가끔씩 책을 쓰고 싶다는 생각을 해보았다. 하지만 그것은 그저 꿈에 불과했었다. 캄보디아에 와서 이렇게 책을 만들게 될 줄은 상상도 하지 못했다. 나는 단지 따뜰락 빈민촌의 천사들과 함께 한 작고 소박한 이야기들을 통해 이들의 순박함과 천진난만한 모습을 나누고 싶었다. 일상적이고 평범한 이야기일지 모르지만 이들의 이야기는 내가 하나님께 젊음의 십일조를 시작한 이후 주님께로부터 받은 선물이며 축복이다. 빈민촌 판자집에 사는 천사들이 있기에 나도 이곳에 존재하는 것이다.

물새처럼 연약한 나를 어미새처럼 강하게 만들어 준 따뜰락 천사들은 날마다 기도하며 공부하고 있다. 비록 가난 때문에 제대로 먹지 못해 영양실조에 걸리고 각종 병에도 걸리지만 그 고통을 극복하고 주님 앞에 나와 공부하는 모습이 자랑스럽다. 이들은 사랑을 받기보다 주려고 노력한다. 그리고 그 사랑은 나를 캄보디아 따뜰락 마을에서 평생 사역하도록 만들었다.

추천의 글 4
프롤로그 - 나는 가야한다 10

1. 젊음의 십일조 16

딱 1년만 / 생각지 못한 장애물 / 2주간의 단기선교 / 캄보디아로 어학연수를 떠난다고?

2. 딩동! 도착했어요 40

나는 외맹 선생님 / 선교 실습생 / 주님의 파출부 / 전도대장이 된 할머니 / NO PAIN, NO GAIN

3. 캄캄캄… 캄보디아 68

캄연희가 되다 / 느리지만 감사 / 복음은 트럭을 타고 / 촛불처럼 사랑을

4. 빈민촌 천사들 88

꿈꾸는 아이들 / 유령가족 / 제가 딸이 되어 드릴게요 / 아흔아홉 살 할머니 / 어버이날의 눈물바다

5. 새롭게 하소서 ● 118
시작된 아픔 / 다시 가면 안 될까? / 8일간의 기적

6. 중국대륙을 향해, 세계를 향해 ● 136
낯선 자매들 / 중국어 예배를 위해 / 보내주시는 사람들 / 드디어 예배를 / 이제는 아랍어다

7. 두 번 살리신 하나님 ● 160
속눈이 타들어 가다니 / 실명이라니요? / 비밀스러운 고민 / 결명자 차를 드세요다 / 빨리 오세요, 빨리.

8. 천사들의 합창 ● 184
귀여운 마스코트, 완디 / 베트남의 희망, 베바 / 막강한 가문의 딸, 리히나 / 날라리, 로아핫 / 국가대표 탁구 선수, 라보

9. 역전의 하나님 ● 210
파산 / 아버지의 행방불명 / 환난 중에 참으며 / 성경책 속 십만 원 / 아빠의 편지

에필로그 240

1. 젊음의 십일조

딱 1년만… 생각지 못한 장애물 2주간의 단기선교 캄보디아로 어학연수를 떠난다고?

딱 1년만…

"아버지. 만약에… 만약에 말이에요. 딱 1년만 캄보디아에 가서 봉사하고 오면 어떨까요?"

나의 캄보디아 사역은 '딱 1년만'이라는 말로 시작되었다. 대학시절, 방학 때마다 캄보디아로 단기선교를 떠나는 나를 보며 부모님은 많은 걱정을 하셨다. 어렵게 공부시킨 딸자식이 졸업이 다가오는데도 취업준비는커녕 어디에 붙어있는지도 모르는 나라 '캄보디아'만 외치고 있었기 때문이다. 하지만 나는 그 나라에 꼭 가야했다. 특히 4학년 마지막 학기를 앞두고 심각한 고민에 빠졌다.

내가 그렇게 바라며 기도했던 곳, 캄보디아. 단기 선교와 어학연수를 통해 만난 캄보디아의 빈민촌 아이들을 내가 직접 도울 방법은 없는 걸까? 일단 취업을 하고나서 생각할까? 아니야! 취업을 한다면 다시는 못 가게 될지도 몰라. 그렇다면, 나를 향한 그 분의 계획은 무엇일까?'

나는 사회생활을 시작하기 전에 주님께 먼저 훈련받고 싶었다. 그것도 선교지에서 말이다. 선교지에서 젊음의 십일조를 드리고 싶었다. 만약 물질이 있었다면 헌금이라도 했겠지만 가진 것이 아무것도 없었기에 내가 가지고 있는 유일한 자원, 즉 나의 젊음을 하나님께 드리고 싶었다.

하지만 상황은 여의치가 않았다. 아버지가 소규모로 운영하시던 사업이 계속해서 실패를 거듭하는 바람에 우리 집은 캄보디아만큼이나 어렵고 절박했다. 부모님은 당연히 내가 취업하여 가정에 도움이 되기를 바라셨다. 그리고 나 역시 그것을 모르지 않았기에 이래저래 부모님의 눈치만 보게 되었다.

그러던 어느 날, 나는 큰맘 먹고 아버지의 얼굴을 살피며 어렵사리 입을 열었다. 딱 1년만 캄보디아에서 봉사하고 오면 어떻겠냐고 말이다. 물론 '만약에' 라는 단서를 붙여서 조심스럽게 꺼낸 말이었다. 아버지는 물끄러미 나를 쳐다보시더니 힘없는 목소리로 말씀하셨다.

"연희야. 아버지 좀 도와줘. 빈민촌 아이들을 돕는 것도 좋지만 지금은 나 먼저 도와주면 안 되겠니?"

아버지의 껄끄럽고도 낮은 목소리를 들은 나는 아무 말도 할 수 없었다. 더 이상 말씀드려봤자 아버지와의 관계만 나빠질 뿐이었다. 마음 한구석에서는 여전히 하나님 나라와 의를 먼저 찾아야 한다는 생각이 떠나지 않았다. 그러나 아버지를 먼저 도와야 할지, 하나님 나라를 먼저 찾아야 할지, 두 가지의 심각한 고민이 계속해서 나의 머릿속을 빙빙 맴돌았다.

그러던 중 우연히 오빠와 진로에 대해 이야기를 나누게 되었다. 오빠도 취업준비로 경황이 없을 때였다. 나는 오빠에게 취업을 뒤로 미루고 빈민촌 아이들에게 가고 싶다고 털어 놓았다.

"그렇게 가고 싶으면 가야지."

내 말을 들은 오빠는 진심인지 무관심인지 모를 무덤덤한 말투로 그렇게 대답했다. 하지만 내가 가버리면 오빠가 우리 가정의 모든 짐을 지게 될 것 같아 마음이 편치 않았다. 캄보디아로 가는 길은 그렇게 점점 멀게만 느껴졌다. 결국 캄보디아로 선교를 떠나려는 계획을 정리하고 취업을 위해 이력서를 준비했다. 준비하면서도 밤마다 잠이 오지 않았다. 잠깐이었지만 단기선교를 통해 만났던 프놈펜 빈민촌 교회 아이들이 눈앞에 아른거렸다. 그 아이들만 생각하면 마음이 아파왔다. 그리움이 깊어지면 병이 되는 것일까?

어느새 나는 밤마다 빈민촌으로 달려가는 꿈을 꾸며 마음의 병을 앓고 있었다.

그러던 어느 날 밤이었다. 그날도 빈민촌 아이들을 생각하며 잠 못 이루고 있던 중 마루에서 오빠와 아빠가 이야기 나누는 것을 듣게 되었다. 평소 아버지와 사이가 좋지 않던 오빠가 웬일인지 먼저 말을 꺼냈다.

"저… 아버지…제가 취업해서 부모님을 도울게요. 그러니 연희는 캄보디아로 보내는 게 어떨까요?"

"……"

"저렇게 가고 싶어 하는데 보내 주는 게 좋을 것 같아요. 제가 돈을 벌면 되니까 연희는 보내주세요."

아버지는 잠시 동안 침묵하신 후 말씀하셨다.

"그래. 얼마 전에 연희가 캄보디아에 간다고 할 때는 못 가게 말렸었다. 그리고 아빠 좀 도와 달라고 했었다. 그런데… 내가 생각이 부족했던 것 같구나. 그동안 너희들에게 아무것도 해준 게 없어 미안할 뿐이야."

"……"

"대신 딱 1년만 보내자. 1년만 다녀오라고 하자… 딱 1년만…."

나는 내 귀를 의심했다. 그렇게 반대하시던 아버지에게서 허락이 떨어진 것이었다. 이불 속에서 눈물을 흘리며 감사했다. 그동안은 아무 것도 보이지 않는 캄캄한 길에 홀로 서있는 것처럼 외로웠었다. 하나님께서 기뻐하시는 일이라 생각하고 마음으로 준비했는데 부모님의 반대에 부딪히게 되자 상심이 컸었다. 그런데 하나님께서 아빠와 오빠의 대화로 길을 찾게 해주셨다. '그래 딱 1년만… 지금은 다른 것 생각하지 말고 딱 1년만 다녀오자!' 1년도 나에게는 너무나 감사한 일이었다.

chapter. 2

생각지 못한 장애물

대학을 졸업을 한 후 1년 동안 캄보디아에 간다고 하자 주위의 많은 사람들이 의아해 했다. 그리고 그들로부터 수많은 조언과 질문, 의심을 받았다. 캄보디아에 가서 아주 사는 것은 아니냐, 혹시 캄보디아 사람과 결혼하는 것은 아니냐, 빨리 취업해서 돈 벌고 결혼할 생각을 해야지 왜 하필이면 못사는 나라에 가느냐 등등…. 게다가 친구들까지도 나를 한심하게 생각했다. 색안경을 낀 조언과 충고, 심지어 비아냥거리는 말까지 듣게 되었다.

나는 그 모든 게 정말 이상했다. 교회에서 목사님은 늘 '세계 열방을 향해 선교하라'고 설교하시지 않는가. 나는 그 말씀을 듣고 마음에 감동을 받아 선교지에 가려는 것인데… 특히나 믿는 사람들이 극심하게 반대할 때는 어리둥절하기까지 했다.

"너, 선교 아무나 하는 거 아니다. 그러지 말고 진지하게 한 번 더 생각해 봐."

믿었던 지인들까지 정색을 하며 이런 말을 할 땐 마음이 흔들리기도 하였다. 지금 내가 가려고 하는 이 길이 맞는 것인지, 어린 마음에 잘못된 선택을 하는 것은 아닌지 혼란스러웠다. 선교지에 가는 것이 이렇게도 어렵고 힘든 일인 줄은 미처 몰랐다.

게다가 재정문제도 내 발목을 잡았다. 비행기 티켓을 살 돈이 채워지지 않았던 것이다. 꾸준히 돈을 모아 저축을 했건만 비행기 티켓 값으론 어림없었다. 그렇다고 가정형편도 어려운데 부모님께 도움을 청할 수는 없었다. '이러다 돈 때문에 못가는 거 아닌가?' 하는 안타까운 생각이 들었다. 몇몇 사람들의 말처럼 내가 너무 철없는 선택을 해서 하나님이 이 길을 막으시는 것은 아닌가 생각하기도 했다. 결국 내가 할 수 있는 일은 아무것도 없었다. 단지 눈물로 주님께 호소할 뿐이었다,

"하나님 그곳에 가게 해주세요. 저를 기다리는 빈민촌 아이들에게 보내주세요."

그때 내 마음을 다시 잡아준 것은 바로 가족이었다. 나는 부모님

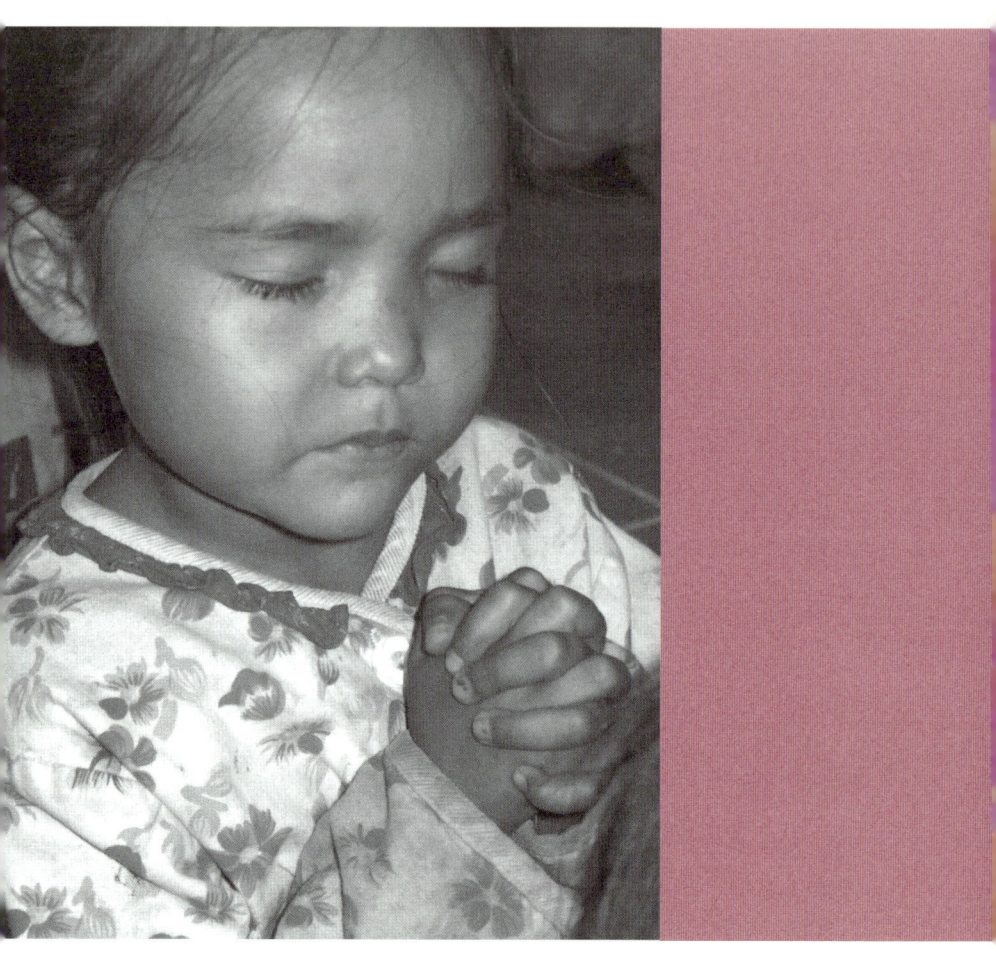

이 어렵게 허락해 주셨고 오빠 역시 열악한 상황에도 불구하고 자신이 대신 짐을 지면서까지 나를 격려해 주었다는 사실을 잊지 않았다. 또한 나의 '젊음의 십일조'를 긍정적으로 바라보며 기도해 주시는 분들이 있었기에 소망을 잃지 않을 수 있었다. 사실 그분들의 사랑과 격려가 가장 큰 힘이 되어 주었다.

그중에서도 할머니는 나에게 특별한 은혜로 다가왔다. 할머니는 젊은 시절 교회에 열심히 다니던 크리스천이었다. 며느리인 엄마에게 성경책을 선물하며 신앙생활을 권하기까지 하셨다. 그런데 시장에서 장사를 하며 일상에 쫓기게 되자 서서히 교회로부터 멀어지게 되었다.

"내가 네 엄마에게 성경책을 줬잖니. 교회에 나가보라고 전도까지 했었는데… 정작 나는 돈 번다고 이렇게 되고 말았으니…."

회한이 섞인 목소리로 쓸쓸하게 웃으며 말씀하시는 모습이 늘 안타까웠다. 교회에 함께 나가자고 말씀드려 보았지만 쉽게 마음을 움직이시지 않았다.

그런 할머니께서 손녀가 캄보디아로 간다는 소식을 듣고는 전화를 하셨다. 할머니는 젊은 나이에 왜 힘들고 어려운 나라에 가느냐며 눈물 섞인 목소리로 말씀하셨다. 하지만 내가 열심히 믿음생활 하는 것을 알고 계셨기에 강하게 반대하시지는 않았다.

"연희야. 안 가면 안 되니? 그냥 여기서 평범하게 직장 다니고 결혼하면 안 되는 거니?"

할머니는 전화기에 대고 물으셨다. 그러나 가지 말라고 강요하시지는 않았다. 그런 할머니의 이야기를 듣고 있자니 연로하신 할머니를 걱정시켜 드리는 것 같아 마음이 아팠다.

할머니는 혼자서 포목점을 하고 계셨다. 장사하는 곳에서 홀로 밥도 해드시고 잠도 주무셨다. 겨울에도 뜨거운 물이 나오지 않아 불편하게 생활하셨다. 우리 가족이 늘 함께 살자고 얘기했지만, 할머니는 고집스럽게 홀로 지내셨다. 같이 살면 자식들에게 짐이 된다고 생각하셨던 것 같다. 자식들과 손자들에게 용돈을 받으시기는커녕, 오히려 돈을 벌어 우리들에게 주고 싶어 하셨다. 할머니는 그런 분이셨다. 때문에 캄보디아에 안 가면 안 되냐는 할머니의 질문에 나는 아무 말도 할 수 없었다. 눈물이 흘러내렸지만 나는 내색하지 않고 대답했다.

"할머니가 기도 많이 해주셔야 손녀딸 아프지 않고 거기서 열심히 봉사할 수 있어요."

할머니는 더 이상 묻지 않으시고 알겠다고만 하셨다. 할머니가 많이 마음아파 하신다는 것을 수화기 너머로 느낄 수 있었다. 전화를 끊은 나 역시 한참 동안 울었다.

며칠 뒤, 집으로 향하는 지하철 안에서 또 다시 할머니의 전화를 받았다. 그런데 이전과 달리 목소리가 밝으셨다.

"네가 기도 해달라고 해서 우선 주기도문인가… 그것부터 시작했다. 눈이 잘 안보여서 자세히는 못 외웠는데 맞나 안 맞나 한 번 들어봐라. 하늘에 계신 우리 아버지여 이름이 거룩히 여김을 받으시오며…."

"할머니…."

할머니의 기도에 나는 놀라움과 기쁨을 금치 못했다. 그것은 기적이었다. 몇 십년 동안 교회에 가자고 말씀드렸는데도 꿈적도 안 하시던 할머니의 입에서 주기도문이 흘러나오다니….

"손녀딸이 가난하고 어려운 나라로 간다는데, 이 할머니가 해줄 수 있는 게 뭐가 있겠니. 필요한 게 기도라면 많이 해 줄게. 힘내라…."

나는 하늘을 날 것처럼 기뻤다. 그렇게 하나님은 나에게 기적을 보여 주셨다. 부모님의 허락과 할머니의 기도, 그리고 마침내 재정 문제도 해결되었다. 하나님은 캄보디아로 향하는 길을 나에게 활짝 열어 주셨다.

돌이켜 보면 나를 캄보디아 빈민촌으로 가게 하신 것이 바로 우리 가정을 구원하시려는 하나님의 계획이었던 것 같다. 처음엔 나의 빈자리가 우리 가족을 힘들게 하지 않을까 걱정했었다. 그러나 염려와 걱정을 내려놓고 모든 것을 하나님께 맡길 때 그 분이 직접 역사하신다는 것을 알게 되었다.

떠나기 전날, 늘 무덤덤하던 오빠가 나를 불렀다. 어렸을 때는 무척 친했지만 크면서 조금씩 멀어졌었다.

"오빠가 그동안 미안했다. 막상 머나먼 빈민촌으로 간다고 하니까 너에게 못해 준 것만 생각나는구나. 미안하다… 가서 건강하게 지내라. 가족 걱정은 하지 마. 오빠가 책임질게. 네가 아프지 않고 건강하게 돌아오는 게 엄마 아빠에게 효도하는 거야. 그동안 도와주지 못해 미안하다. 사랑한다…."

이야기를 마친 오빠는 나를 안고 울기 시작했다. 오빠가 나에게 눈물을 보이는 것은 처음 있는 일이었다. 나 역시 오빠를 붙들고 한참을 울었다.

"잘 할게…. 그리고 건강하게 돌아올게…."

하나님은 젊음의 십일조를 드리겠다는 나의 기도를 받아주셨다. 그리운 가족과 친구를 두고 척박한 곳으로 떠나야 하는 이별의 아픔이 있었지만, 나를 기다리고 있을 캄보디아 아이들을 생각하면 흐르던 눈물이 미소로 변했다.

'이제 가는 구나… 너무나 보고 싶은 나의 아이들… 안아주고 싶은 빈민촌의 사랑하는 친구들아. 개구장이 소꼴라… 밥도 먹지 못할 만큼 가난하게 사는 어린 티다… 기다려. 내가 갈게.'

chapter. 3

2주간의 단기선교

내가 캄보디아와 인연을 맺게 된 것은 대학시절 방학 때 잠깐 다녀왔던 단기선교에서였다. 그곳에서 2주간 사역하며 나는 평생 흘릴 눈물을 그때 다 흘렸던 것 같다. 그동안 세상에서 내가 가장 힘들고 아프다고 생각했었는데, 나의 생각은 정말이지 배부른 교만이자 착각이었다. 완고한 아버지 때문에 힘들고, 가난한 가정 때문에 부끄러웠지만 나는 가족이 있었고 옷을 입지 못하거나 굶었던 적은 없었다.

이곳에서 옷도 없이 벌거숭이처럼 뛰어 다니는 아이들은, 옷 입고 있는 나를 오히려 부끄럽게 만들었다. 영양실조에 걸려 앙상한 모습을 하고 있는 어린 아이들의 얼굴을 보며 나는 차마 고개를 들 수가 없었다. 그들에게 내가 해줄 수 있는 것은 아무것도 없었다. 가진 것도 없고 특별한 달란트도 없는 내가 할 수 있는 것은 오로지 아이들과 열심히 놀아 주는 것뿐이었다. 장난감도 없는 그 시골 오지에서 아이들은 너무나 열심히 찬양하고 성경을 암송하며 예수님을 알아가고 있었다. 그리고 그 아이들의 선생님이 되어 함께 해주는 것이 내가 그들에게 줄 수 있는 전부였다.

단기 선교 기간 동안 특별히 기억에 남았던 건 스물네 살의 스라이 자매였다. 그녀는 유방암 때문에 한쪽 가슴을 잃은 상태였다. 프놈펜에서 떨어진 어느 지방교회 근처에 살고 있던 스라이는 수술 후에도 암세포가 온 몸에 퍼져 사형선고를 받은 것이나 다름없었다. 하지만 그녀는 날마다 교회에 나와 간절히 기도했고 또 많은 분들의 기도에 힘입어 2년 째 삶을 이어가고 있었다. 그녀는 병이 낫게 된다면 교회를 청소하고 봉사하며 살고 싶다고 했다. 그 간증을 듣고 있자니 부끄러웠다. 나는 스라이 자매 발 앞에 무릎을 꿇고 눈물로 기도했다. 하나님을 사랑하는 마음으로 이웃을 섬기며 살고 싶어 하는 그녀 앞에서 자신만을 위해 기도하고 불평만 일삼던 나 자신을 회개하며 그녀의 병이 속히 낫기를 기도드렸다.

2주간의 사역을 통해 나의 도움이 필요한 이웃을 직접 보게 하시고 느끼게 해주신 주님께 감사했다. 특히 나와 같은 나이의 태선

자매 간증은 내 마음을 크게 감동시켰다.

"물질이 있다면 물질로 십일조를 드리고 싶지만 지금은 드릴 수 있는 게 아무것도 없습니다. 그래서 인생의 십일조라도 드리고 싶어 이 캄보디아에 오게 되었습니다."

이화여대 법대를 입학시켜 주신 하나님께 감사하여 1학기를 마치고 휴학한 채 치안도 좋지 않은 이 빈민촌에 와서 굶주린 아이들과 청년들을 가르치고 있는 자매였다. 인생의 십일조, 젊음의 십일조에 대해 깊이 고민하게 되는 순간이었다. 바로 그때부터 나 역시 인생의 십일조에 대해서 생각하게 되었다.

한국에 돌아온 후에도 캄보디아에 대한 그리움이 물밀듯 일어났다. 잠을 잘 때도 그곳 아이들의 눈망울이 떠올라 잠을 이룰 수가 없었다. 아이들의 찬양소리가 귓가에 맴돌고 뜨거운 태양 볕 아래에서 '선생님~' 하고 부르며 달려오는 아이들이 모습이 자꾸만 떠올랐다. 언제 다시 만날 수 있을까… 어느덧 나는 빈민촌으로 다시 가야 한다는 생각으로 머릿속이 가득 차게 되었다. 대학을 졸업하고 내가 가야 할 곳은 판자집이 가득찬 빈민촌이라고 믿고 기도하기 시작했다. 그곳으로 가게 해달라고 하나님께 기도하기 시작했다.

 chapter. 4

캄보디아로 어학연수를 떠난다고?

어느 날, 대학 교정 게시판에 해외 어학연수 장학생 선발 공지서가 붙어 있는 것을 보게 되었다. 무엇에 이끌렸는지 나도 신청서를 제출하였다. 그리고 학과 사무실로부터 장학생으로 선발 되었다는 연락을 받게 되었다. 학교에서 일부 장학금을 지원하는 대신 선발된 학생은 연수받을 나라를 선택하여 연수를 마치고 수료증과 보고서를 내야 했다.

나는 담당 교무처 선생님을 찾아가 캄보디아로 가도 되느냐고 물었다. 그러자 선생님은 무척 당황하는 눈치였다. 그곳이 공산국가가 아니냐고 묻기도 했다. 당시 동남아 테러 경보가 텔레비전을 통해 날마다 보도 되고 있었기에 당연한 질문이었다. 사람들은 다른 학생들처럼 호주, 뉴질랜드, 중국, 필리핀 등으로 가지 않고 유독 캄보디아를 고집하는 나를 도무지 이해하지 못했다. 선교를 잘 모르는 사람들이 생각할 때는 정말 이상한 행동이었을 것이다.

학교에서는 선발된 다른 친구들과 함께 그룹으로 가는 방법을 추천해 주었다. 하지만 이미 마음을 정한 나는 캄보디아로 꼭 가게 해달라고 선생님께 부탁하였다. 그러나 학교에서는 동남아시아의 테러사건 등을 이유로 승낙해 주지 않았다. 그리고 나에게 다시 생각해 볼 것을 권유했다.

나는 기도로 마음을 준비한 후 다시 담당 교수님을 찾아갔다. 그리고 캄보디아는 공산국가가 아니며 그곳에 숙소와 학교를 알아봤으니 허락해 달라고 부탁했다. 캄보디아로부터 팩스로 받은 동의서도 보여드렸다. 결국 나의 끈질긴 요청에 학교에서도 마지못해 허락을 해주었다. 대신 캄보디아에서 어떠한 사태가 발생해도 학교에 전혀 책임을 묻지 않겠다는 각서를 쓰는 조건이었다.

그렇게 하여 나는 다시 캄보디아를 방문하게 되었다. 그 누가 알았을까? 어학연수로 다시 선교지에 오게 될 줄을 말이다. 보고 싶고 그립던 캄보디아 빈민촌 아이들과 함께 두 달 반을 그곳에 머물렀다. 나중에는 그곳을 떠나기가 아쉬워 비자를 한 달 더 연장하기도 하였다. 봉사하고 섬기러 온 나였지만, 오히려 그곳에서 내 인생의 가장 귀한 가르침과 사랑을 받게 되었다. 체류하는 동안 영어와 중국어도 배웠다. 또한 캄보디아 현실에 대해서도 공부할 수 있었다. 날마다 간절하게 기도하는 캄보디아 아이들을 통해 신앙인으로서도 큰 도전을 받았다. 한국으로 돌아가야 하는 것이 너무 아쉬웠다. 또한 계속해서 내 머릿속을 떠나지 않는 단어가 있었다. '인생의 십일조, 젊음의 십일조.'

"제가 인생의 십일조를 드리게 된다면, 이 곳 캄보디아에서 드리게 해주세요."

어느덧 내 마음 속에서는 이런 기도가 시작되고 있었다. 그리고… 결국 하나님은 내 기도에 응답하셨다. 지난 일을 돌이켜보면, 단기선교부터 해외어학연수 장학생으로 선발된 것, 그리고 가족들에게 정식으로 허락 받고 다시 캄보디아로 가게 된 모든 일이 하나님의 계획이자 기도의 응답이었다.

해외 어학연수 장학생으로 두 달 간 캄보디아에 머물렀을 때에는, 2주간의 단기선교에서는 맛볼 수 없었던 또 다른 눈물과 감동이 있었다. 그때의 감격을 떠올리며 이제 본격적으로 시작되는 사역에서는 어떤 은혜를 맛보게 될까 떨리고 기대하는 마음으로 캄보디아행 비행기에 몸을 실었다.

2. 딩동! 도착했어요

딱 1년만… / 생각지 못한 장애물 / 2주간의 단기선교 / 캄보디아로 어학연수를 떠난다고? / 나는 외맹 선생님 / 선교 실습생 / 주님의 파출부 / 전도대장이 된 할머니 / NO PAIN, NO GAIN / 김연희가 되다 / 느리지만 감사 / 복음은 트럭을 타고 / 촛불처럼 사랑을 / 꿈꾸는 아이들 / 유령가족 / 제가 딸이 되어 드릴게요 / 아흔아홉 살 할머니 / 어버이날의 눈물바다 / 시작된 아픔 / 다시 가면 안 될까요? / 8일간의 기적 / 낯선 자매들 / 중국어 예배를 위해 / 보내주시는 사람들 / 드디어 예배를 / 이제는 아랍어다 / 속눈이 타들어 가다니 / 실명이라니요? / 비밀스러운 고민 / 결명자 차를 드세요 / 빨리 오세요, 빨리 / 귀여운 마스코트 앤디 / 베트남의 희망, 베바 / 막강천 가문의 딸, 리히나 / 날라리 로아찻 / 국가대표 탁구 선수, 라보 / 파산 / 아버지의 행방불명 / 환난 중에 참으며 / 성경책 속 십만 원 / 아빠의 편지

chapter.1

나는 외맹 선생님

부푼 가슴을 안고 달려온 캄보디아 빈민촌. 이전의 단기선교와 어학연수 시절에 느꼈던 감동들을 기억하면서 더 큰 은혜들을 기대했던 것이 사실이었다. 하지만 나에게 제일 먼저 다가온 것은 당혹스러움과 후회였다. 짧은 체류기간 동안에는 전혀 느끼지 못했던, 상상하기 힘들 정도로 어려운 언어의 장벽이 있었다. 예전에는 목사님이나 먼저 사역을 시작한 사역자들의 통역으로 현지인들과 지낼 수 있었다. 하지만 이제부터는 내가 직접 그들과 부딪치며 생활해야 했다. 그들 속에서 나는 문맹이나 다름없었다. 문화적인 충격도 상당했다. 잠깐 방문하는 선교팀원으로서의 사역은 캄보디

아 사람들의 생활습관이나 문화에 대해 수박 겉핥기 정도로만 경험한 것에 불과했다. 다시 오게 되면 기쁘게 반겨 줄줄만 알았는데… 한마디로 낭패였다.

　하루하루 지내면서 이국 문화에 적응하기 위해 무수한 시행착오와 경험을 통과해야 했다. 당시 나는 이미 영어를 잘하는 아이들과 청년들에 비해 할 줄 아는 게 아무것도 없는 외맹 선생님이었다. 외국어를 잘 모르는 외맹. 나는 처음부터 다시 공부하지 않으면 안 된다는 것을 뼈저리게 느꼈다. 학교 다닐 때 외국어 공부를 열심히 하지 않았던 것이 너무나 후회되었다.

도착한 다음날부터 나에게 주어진 사역은 다름 아닌 공부였다. 아이들과 청년들을 섬기려면 내가 먼저 공부해야 했다. 아침 6시에 일어나서 식사를 마친 후 중국어 기초 회화를 공부했다. 점심식사 후에는 영어기도와 어린이 영어 성경을 외웠다. 그리고 오후에는 열두 살의 캄보디아 학생으로부터 캄보디아어를 배웠다. 처음에는 한 번도 공부한 적이 없는 중국어를 배운다는 것이 부담되고 머리가 지끈지끈 아파오더니 나중에는 정신이 혼미해지기까지 했다. 더운 날씨에 외국어 공부를 하며 끊임없이 단어와 문장을 외우다 보니 나도 모르는 사이 눈이 감기기도 했다. 단기선교나 해외어학연수 장학생 때보다 훨씬 더 많은 사역과 나눔이 있을 거라고 생각했던 나의 기대는 완전히 빗나가 버렸다. 이렇게 교회 구석에 눌러 앉아 하루 종일 외국어 공부만 하게 될 줄은 상상도 하지 못했었다.

그런데 곰곰이 생각해 보니 선교를 위해서는 영어는 물론이고 전 세계에 중국 사람이 없는 곳이 없다는 것을 감안하여 중국어와 그 나라 현지어까지 최소한 3개 국어는 해야 하는 것이 당연했다. 그들과 말이 통해야 전도도 할 수 있는 것 아닌가. 그래서 외국어를 공부할 수 있는 그 시간을 오히려 감사하기로 마음먹었다. 비록 머리가 터질듯 아파서 어지럽기도 하고 때로는 책을 덮고 아이들과 놀고 싶을 때도 있었지만 그럴 때마다 더욱 열심히 두 배로 공부하였다. 외우고 또 외우고 보고 또 보고… 심지어 함께 공부하는 동료들과 경쟁이 붙어 잠자기 전까지 책을 놓을 수가 없을 정도였다.

캄보디아의 현지인도 2개, 혹은 3개의 외국어를 하는 것이 보통이었다. 반면 한국에서 대학까지 다녔던 내가 빈민촌 어린 학생들보다 영어를 못한다는 것이 조금은 창피하고 부끄러운 일이었다. (캄보디아는 화폐로 달러를 사용하고, 영어 사용도 일반화되어 있다. 언어구조상 영어를 쉽게 습득할 수 있다.) 그러나 모든 자존심과 욕심을 버리고 단지 아이들과 청년들을 가르치는 선생님이 되기 위해 열심히 기도하며 공부하였다.

빈민촌 아이들과 청년들 역시 나의 뒤늦은 공부에 어리둥절해했다. 벌써부터 한국에서 새로운 선생님이 왔다고 소문이 났지만 아이들과 청년들은 물론 동네 사람들 대부분이 새로 왔다는 선생님의 얼굴조차 볼 수 없었다. 한 달 반 동안 하루 12시간씩 교회에서 공부만 하며 살았기 때문이다.

그렇게 한 달이 지나자 도무지 진전이 보이지 않던 나의 언어 실력도 조금씩 향상되었다. 어느 정도는 영어로도 의사소통이 가능해지고 중국어도 아이들에게 어린이 성경을 가르칠 수 있는 정도의 실력이 되었다. 그동안 아이들과 청년들이 나의 공부를 위해 기도하며 기다려 준 것이 참 고마웠다. 나보다 영어를 잘하는 청년들에게는 창피함을 무릅쓰고 영어를 가르쳐 달라고 요청했고 그들도 그런 내 모습에 감동을 받았는지 서서히 선생님으로 인정하며 따라 주었다.

또한 나는 대학 졸업 후 바로 선교지에 왔기 때문에 사회경험이 부족했다. 이곳 캄보디아 교회 역시 하나의 조직이기 때문에 경험과 훈련으로 무장된 선생님이 필요한 곳이었다. 그에 비해 나는 여러모로 융통성과 지혜가 부족한, 미숙한 선생님이었다. 그럼에도 불구하고 참고 기다려준 동료들과 빈민촌 아이들에게 그저 감사할 뿐이다. 지금 생각해보면 그때의 공부는 어디에서도 받을 수 없는 귀한 훈련이었다. 이렇듯 내 빈민촌 사역의 처음 1년은 사회에서 신입사원이 되어 배우는 훈련과 같은 시간이었다.

 chapter. 2

선교 실습생

　교회에서 한 달간 훈련을 마치고 선교 실습생이 되어 지방교회에 파송되었다. 본부교회 아이들과 청년들을 가르치며 영어회화와 영어기도도 제법 능숙해졌고 기도회를 인도하는 법도 배웠기 때문에 본격적인 사역을 위해 지방교회로 파송되는 것에 많은 기대와 설렘이 있었다. 또한 새로운 환경과 새로운 사람들을 만난다는 것이 기분 좋은 긴장감을 주었다.
　첫 실습교회는 영광교회와 은혜교회였다. 그 두 교회를 미희 선생님이 혼자 돌보며 가르치고 있었다. 미희 선생님은 작은 체구에도 불구하고 매우 당찬, 멋진 자매였다. 연약해 보이지만 열정적으로 아이들을 가르치고 정성껏 보살피는 모습이 무척 아름다웠다. 미희 선생님이 주일에 본부교회로 예배를 드리러 오토바이를 타고 올 때면 얼굴이 빨간 먼지로 가득 덮였다. 먼지 때문에 머리카락이 늘 엉켜있고 노랗게 탈색된 모습이 보기에 안쓰러울 때도 있었다. 그녀가 처음 캄보디아에 올 때는 6개월만 사역할 것을 결심했었지만 이곳의 아이들을 차마 떠나지 못해 계속 남아서 사역하고 있었다. 전기도 제대로 들어오지 않고 물도 충분치 않은 지방교회에서 자매 혼자 숙식하며 사역하는 것이 무서울 텐데, 오히려 더 밝고 씩씩한 모습이 위대해 보였다.

숙소에서 미희 선생님과 영광교회와 은혜교회에 필요한 사역들에 대해 이야기를 나누었다. 그리고 나에게도 역할이 주어졌다. 아이들을 위한 한국어 수업과 청년들의 말씀 묵상시간을 인도하는 것이 내 임무였다. 율동수업도 빼놓을 수 없었다.

아이들을 위한 한국어 수업에서는 성경구절을 음악에 맞추어 외우게 하였다. 의외로 아이들의 반응이 좋아 매일 해달라는 요청이 들어왔다. 기뻐하는 아이들을 보니 나 또한 자신감이 생겼다. 청년들과는 영어로 나눔의 시간을 가지면서 서로를 알아가게 되어 감사했다. 잠시 머무는 나를 선생님으로 따뜻하게 대해 주고 앞다투어 가르쳐 달라는 아이들과 청년들의 모습에 많은 감동을 받았다.

말씀묵상 시간을 통해 청년들과 좀 더 깊은 교제를 나눌 수 있었지만 대부분이 진로와 미래에 대해 고민하고 걱정하는 시기인지라 자신들을 위해 기도를 요청했다. 물론 나 역시 진로에 대해 고민하고 염려했던 경험이 있었기에 그들의 마음을 잘 알 수 있었다. 이들을 위로하고 싶은 마음이 내 안 깊은 곳에서부터 올라왔다.

부족한 영어지만 두렵고 떨리는 마음으로 그들을 가르치기 시작했다. 처음에는 문법을 생각하며 더듬거렸지만 초롱초롱한 눈빛으로 집중하는 청년들을 보자 점차 자신감이 생겼다. 간단하게 나의 간증을 이야기하자 청년 하나가 눈물을 흘리며 자신을 위해 기도해 달라고 했다. 무슨 사정인지 알 수 없었지만 아무것도 묻지 않고 그저 그를 위해 진심으로 기도해 주었다. 그러자 예상치 못했던 기도 시간이 불처럼 뜨거워졌고 모두가 함께 서로를 붙들고 울며 기도하게 되었다. 하나님의 위로와 축복을 체험한 시간이었다.

미희 선생님의 또 다른 사역지인 은혜교회는 섬마을에 있었다. 미희 선생님은 영광교회와 은혜교회 두 교회를 담당하고 있었기 때문에 1주일에 세 번 은혜교회가 있는 섬으로 들어갔다. 작은 나룻배를 타고 가는 그 길은 참으로 아름다웠다. 특히 우기가 되면 강물이 황토물로 변하는데 그 모습이 가히 장관이었다. 배로 메콩강을 건널 때마다 불어오는 바람은 언제나 가슴이 확 트이는 기분을 안겨주었다. 배를 타면서 태국과 베트남과 라오스를 잇는 메콩강 줄기를 따라 예수님의 사랑도 동남아시아 각지로 흘러가기를 기도했다. 나룻배에서 내려 바나나 숲과 갈대가 펼쳐진 아름다운 섬마을의 은혜교회를 찾아갈 때면 내가 하나님의 특별한 은혜를 받고 있다는 기분이 들었다.

교회에 도착하면 옹기종기 앉아 찬양하는 아이들이 우리를 반겨주었다. 찬양을 부르다가 우리를 보고 반가워하며 달려와 안아주고 마구 뽀뽀를 퍼붓는 아이들의 모습을 볼 때면 가슴이 뭉클했다.

> "이 백성은 내가 나를 위하여 찬송하게 하려 함이니라(이사야 43장 21절)"

음악에 맞추어 성경말씀을 가르치고 있는데, 갑자기 누군가 리듬을 타며 박수를 치기 시작했다. 그러자 다들 환하게 웃으며 따라했다. 우리 모두가 다윗이 되어 하나님께 찬양을 드리는 기분이었다. 이 순간이 바로 천국이 아니고 무엇일까.

한 달 동안의 영광교회와 은혜교회에서의 사역을 마친 후 나는 본부교회로 돌아가 나의 부족한 부분들을 채우기 위해 노력했다. 더 열심히 공부하며 아이들을 잘 이끌 수 있는 리더십 있는 선생님이 되기를 간구하였다.

본부교회 주일학교 아이들과 청년들을 가르치며 새로운 것을 알게 되었다. 감사하게도 그곳의 아이들과 청년들은 교회 다니는 것에 대해 커다란 자부심을 가지고 있었다. 그들은 학교에 가서 친구들에게 교회 다니는 것을 자랑했다. 불교 국가이기 때문에 교회에 다니면 오히려 무시를 당할 법도 한데 아이들은 교회에서 한국 선생님들에게 한국어성경과 영어성경, 중국어성경을 배우고 율동과 찬양을 배우는 것을 친구들에게 자랑하며 행복해했다. 그 사실을 알게 되자 나 역시 가만히 있을 수가 없었다. 아이들에게 더욱 더 좋은 선생님이 되기 위해서 기도하고 공부해야겠다고 결심했다.

chapter. 3

주님의 파출부

부끄러운 이야기지만, 나는 한국에서 밥을 하기 위해 쌀을 씻어본 경험이 없었다. 늘 엄마가 알아서 다 해주셨다. 엄마가 집안일을 도와달라고 하실 때에도 나는 재주가 없다며 꾀를 부렸었다. 그런데 이곳 캄보디아에 오자 요리 경험 없는 것이 커다란 걸림돌이 되었다. 일찍이 엄마에게서 요리를 배우지 않은 것이 무척 후회되었다. 요리라고는 라면 끓이기와 계란 프라이밖에 못하던 내가 음식을 만들 수밖에 없는 상황이 되었기 때문이다.

여기서는 교회에서 지내는 아이들까지 포함하여 하루 열 명 정도의 식사를 준비해야 한다. 이곳에는 어려서부터 잘 먹지 못해 영양실조에 걸린 아이들이 많다. 영양부족으로 얼굴에 버짐이 피고 머리색이 노랗게 변해버린 아이들도 있다. 때문에 밥 사역은 아이들에게 꼭 필요한 주요 사역이다. 처음에는 선배인 정화 선생님 덕분에 옆에서 돕는 것으로 충분했다. 그런데 어느 날 정화 선생님이 다른 일에 배정되고, 내가 매일 10인분의 식사를 준비해야 하는 상황이 발생했다. 행여나 잘 먹이지 못해 아이들의 건강이 나빠져서 그들이 찬양하지 못하고 공부하지 못하고 성경도 읽지 못하게 될까 두려워 나는 늘 긴장하고 떨리는 마음으로 식사를 준비하게 되었다.

식사 때마다 나는 늘 기도하는 마음으로 준비했다. 보통 아침은 8시경이었지만 요리 경험이 없는 나는 여섯 시부터 요리책을 보며 준비했다. 두 시간 동안 땀을 비처럼 쏟아내며 음식을 만들지만 다양하고도 맛있는 음식을 차리겠다는 결심과 달리 두 시간 만에 차려진 밥상은 너무나 초라했다. '그렇게 열심히 만들었는데 고작 이렇게 밖에 되지 않는단 말인가.' 하는 생각과 허탈함으로 눈물이 핑 돌 때도 있었다.

하지만 모두들 아무 말 없이 잘 먹어 주었다. 뿐만 아니라 걱정스러운 얼굴로 식탁에 앉아 있는 나에게 "선생님, 맛있게 잘 먹었습니다."하고 말하는 아이들의 우렁찬 구호는 나를 계속 도전하게 만들었다. 그 날 이후 나는 각종 요리에 도전했다. 좀더 맛있는 요리를 위해 시장에 가서 직접 재료를 사오기도 했다. 또한 한국에서 요리책을 공수하고 인터넷에서 요리법을 찾아 스크랩도 하였다.

감사하게도 서울에 계시는 한 장로님께서 우편으로 김 한 박스를 보내주셨다. 우체국 직원들이 굉장히 큰 박스의 내용물을 확인하며 김이 무엇인지 몰라 의아해 했다. 김을 생전 처음 보는 아이들은 정체불명의 검은 종이를 보면서 눈이 휘둥그레졌다. 하지만 시간이 지날수록 김 한 봉지가 뚝딱하고 없어질 만큼 잘 먹게 되었다. 김에 밥을 싸서 먹기도 하고 물에 말아서 먹기도 하였다. 요리를 할 줄 몰라 난감해하던 나에게는 최고의 구호품이었다.

한번은 보온밥솥을 보내주신 적도 있었다. 10인분이 넘는 아이들의 식사를 준비하기 위해서는 큰 밥통이 필요했는데 마침 우편으로 도착한 밥솥을 받아본 순간 우리는 너무 감격하여 눈물이 날 지경이었다. 밥솥을 끌어안고 맛있는 밥을 지어 우리 캄보디아 아이들과 청년들을 잘 먹일 수 있게 해달라고 간절히 기도를 드렸다. 이처럼 어려울 때마다 기도하고 응원해 주시는 분들의 사랑에 감사하며 나는 아이들과 청년들을 위해 맛있는 밥을 짓는 주님의 파출부가 되기로 다짐했다. 포기하고 싶고 어려울 때마다 하나님께서는 그렇게 동역자들을 통해 위로해 주시고 거룩한 책임과 사명

감을 심어 주셨다.

두 달 동안 다양한 음식을 만들어 보았다. 내 방식의 감자조림, 된장찌개, 닭볶음탕, 콩나물과 돼지고기 볶음 등등… 그러던 어느 날, 누군가 물었다.

"오늘 요리는 누가 했어요?"

순간 두려웠다. '무엇이 잘못 되었나?' 나는 모기처럼 작은 목소리로 "저…요." 하고 대답했다.

"이제는 간도 잘 맞네요. 오늘 요리 최고에요."

그 날은 캄보디아 아이들도 밥을 두 공기씩 먹으며 "선생님 잘 먹었습니다."하고 인사했다. 날아갈 듯 기뻤다. 나중에 동료들이 하나같이 이야기했다. 두 달 정도 간도 안 맞고 맛도 없는 음식을 먹느라 힘들었다고…. 그러나 고맙게도 모두들 참으며 기다려 주었다. 물론 캄보디아 아이들도 마찬가지였다. 주방에서 땀을 뻘뻘 흘리는 나를 보며 그들은 아무 말도 하지 못했고 오히려 나를 위로하기 위해 맛있다고 이야기해 주었다. 당시에는 정말 쥐구멍에라도 들어가 숨고 싶었지만 그런 날이 있었기에 이제 맛있는 음식을 대접할 날도 온 것이다.

그 이후, 나는 음식을 만든 요리사들의 수고를 알게 되었고 특별히 엄마가 만들어 주시던 맛있고 따뜻한 밥을 더욱 그리워하게 되었다. 지금까지는 엄마에게 밥을 해드린 적이 한 번도 없었다. 그러나 나중에 기회가 되어 한국에 가게 된다면 나를 위해 20년 넘도록 맛있는 밥을 해주신 엄마를 위해 꼭 맛있는 요리를 해드리고 싶다.

   그렇게 음식과 전쟁을 치르다 보니 어느새 요리가 재미있어졌다. 뿐만 아니라 이제는 빈민촌 아이들에게 밥을 해주는 것이 삶의 일부가 되었다. 그런데 문제가 생겼다. 캄보디아는 수질이 좋지 않아 허드렛물을 사용한 후에 반드시 생수로 한 번 더 헹궈내야 했는데 그렇게 했음에도 불구하고 손가락에 물집이 생기기 시작하더니 아토피성 주부습진으로 번져버렸다. 껍질이 벗겨지고, 조금만 건조해지면 갈라지고, 그 사이로 피도 났다. 치료하기 위해 연고도 발라보았지만 나아지기는커녕 점점 더 번져갔다. 물만 대면 통증이 오고 언제부터인가 손톱도 깨지기 시작했다. 결국 양손의 엄지

손가락을 제외한 모든 손가락이 다 아파왔다.

너무 아픈 날은 청년들에게 도와 달라고 하고 요리하는 것을 옆에 서서 지도하기도 했다. 그러나 학교에 다녀와서 공부하느라 정신없는 아이들과 청년들에게 짐을 지우는 것 같아 마음 한쪽이 불편했다. 나는 손이 빨리 낫게 해달라고 날마다 기도했다. 또한 될 수 있는 한 동료들과 아이들에게 손을 보이지 않으려고 노력했다. 그런데도 하루는 아이들이 나에게 다가와서 내 손에 약을 발라주고 기도해 주었다. 그리고 내 손을 잡으며 이렇게 말해주었다.

"선생님의 손은 우리를 살리는 세상에서 가장 아름다운 손이에요…."

이런 말을 듣고 어떻게 감동받지 않을 수 있을까? 비록 캄보디아 빈민촌에서 살고 있지만 이런 일을 겪을 때마다 나는 세상에서 내가 가장 행복한 사람이라는 생각을 한다. 뿐만 아니라 밥도 전혀 할 줄 몰랐던 내가 아이들에게 어떻게 매일 요리를 해 줄 수 있게 되었는지 아직도 믿기지가 않는다. 내가 해 준 밥을 먹고 한국말로 "학교 다녀오겠습니다."하며 달려가는 아이들을 볼 때면 마치 엄마가 된 것 같다. 또한 그 아이들이 잘 먹고 무럭무럭 자라서 주님을 위해 어떻게 쓰임받을까 생각하면 가슴이 벅차오른다.

chapter. 4

전도대장이 된 할머니

열악한 빈민촌에서 적응하다보니 자연스레 한국의 가족과 친구들에 대해서는 잊고 지냈다. 그만큼 바쁜 나날이었다. 외국어를 공부하고, 아이들을 가르치고, 요리해서 밥 먹이고…. 그동안 해본 적 없는 일들을 경험하고 배우느라 정신이 없었던 것이다. 그런데 한국에 있는 가족들은 나에게서 아무런 소식이 없는 것을 몹시도 서운해 했다. 물론 나를 걱정하는 마음은 충분히 이해되었다. 더운 나라에서 밥이나 제대로 먹는지, 아프지는 않은지 부모님은 늘 걱정하시며 1주일에 한 번은 꼭 전화하라고 당부하셨다. 그러나 나는 가족들에게 자주 연락 할 수 없는 상황을 설명하며 양해를 구했다. 다행히 엄마도 나의 상황을 이해해 주셔서 무소식을 희소식으로 알겠다고 하셨다.

그러던 어느 날, 홀로 지내시는 할머니가 캄보디아에 있는 나에게 전화를 하셨다. 할머니는 내가 캄보디아로 떠난 날부터 교회에 나가신다고 했다. 할머니의 목소리는 힘차고 생기 있었다. 그리고 밝게 웃으시며 하나님의 일로 바쁘다고 자랑하셨다. 새벽기도, 수요예배, 금요 철야 예배, 주일 예배 등 교회에서 드리는 모든 예배에 참석하여 손녀딸을 위해 기도하시느라 요즘 너무 행복하시다는 것이다. 어느새 할머니는 기도대장, 전도대장이 되어 계셨다. 또한 이듬해에는 집사 직분을 받게 되신다며 감사하셨다. 급속도로 승진(?)하셔서 집사가 되니 앞으로는 집사님이라고 부르라는 농담도 하셨다. 훗날 할머니 댁에 갔을 때 교회 분들로부터 이런 얘기를 들었다.

"할머니가 어찌나 기도를 많이 하시고 손녀딸 자랑을 하시던지, 우리 교회에서 연희 선생님 모르는 성도들이 없어요. 손녀딸이 선교한다고 이야기 많이 들었거든요. 너무 귀해요. 젊은 나이에…."

내가 가난한 빈민촌에 들어가 선교하는 것을 무척이나 가슴 아파하셨던 할머니였다. 하지만 지금은 누구보다도 나를 자랑스럽게 생각하신다. 할머니가 일하시는 한복집 벽면에는 캄보디아에서 찍은 내 사진이 걸려있다. 그 사진을 바라보며 나를 위해 항상 기도

하시는 것은 물론 손님들에게까지 기도 부탁을 하신다고 한다. 언젠가 이곳 빈민촌 마을에 사시는 할머니 한 분과 함께 찍은 사진을 보시고는 다른 할머니와 다정하게 손잡고 있는 모습을 보니 조금 서운하시다는 말씀을 하셨다. 하지만 곧 그 분을 더 사랑해 주라고 당부하시며 눈물을 흘리셨다. 그리고 사진 속의 캄보디아 할머니를 위해 바지저고리를 만들어 보내주셨다.

   할머니가 주님을 알게 되고 지금은 누구보다 충성된 주님의 기도대장, 전도대장이 되신 것이 감사하다. 선교를 위해 드린 내 젊음의 십일조가 할머니의 영혼 구원이라는 선물로 되돌아 온 것이다. 30배, 60배, 100배의 축복이었다.

 chapter. 5

NO PAIN, NO GAIN (고통 없이는 얻는 것도 없다)

대학을 막 졸업을 했을 때 내 나이는 22살이었다. 그때까지 부모님과 학교의 울타리 안에서만 생활했기 때문에 사회 생활에 대한 경험은 물론 스스로 무언가를 개척하거나 도전해 본 경험이 전혀 없었다. 때문에 나에게는 늘 두려움이 있었다. 대학을 졸업하면 좀 달라지지 않을까 기대했지만 마찬가지였다. 그러던 나에게 있어 진정한 의미의 사회 경험은 선교를 통해 이루어졌다. 캄보디아라는 선교지에서 나는 단순히 내가 아는 지식으로 아이들을 가르치기만 하면 될 거라 생각했지만 그것은 사역의 일부일 뿐 우리 선교지도 하나의 온전한 사회였다.

여러 교회의 단기선교팀과 사회 각계각층의 다양한 사람들이 캄보디아를 방문하였다. 덕분에 한국에 있었다면 만날 수도 없었을 위치의 높은 사람들도 보게 되고, 이제껏 전혀 해보지 못했던 일들도 감당하게 되었다. 예컨대 80여명의 청년들을 인솔하고 많은 사람들 앞에서 간증하는 등 나에게는 모든 일이 새롭고 낯선 경험이었다.

캄보디아에서 거쳐야 하는 첫 지도자 훈련 코스는 바로 '기도대장'이다. 특별한 경우가 아니면 기도대장은 으레 가장 나중에 온 사람, 아니면 가장 나이가 어린 사람이 맡게 된다. 그들에게 지도자로서의 기회와 훈련의 시간을 주는 것이다. 기도대장은 주로 동료 선생님들과의 모임에서 기도회를 인도하게 되는데 처음에는 너무 떨려서 목소리조차 제대로 안 나오는 경우가 허다하다. 나 역시 그랬다. 그야말로 모든 것이 서툴고 두려웠었다.

그 즈음, 매일 아침 묵상을 하거나 성경을 볼 때마다 한 말씀이 반복적으로 내 마음에 와 닿았다. 심지어 책을 읽어도 그 말씀을 발견하게 되었다. 나는 그것을 주님께서 위로해 주시는 말씀이라고 믿었고 일기장에 그 구절을 쓰며 자주 묵상하곤 했다.

"마음을 강하게 하고 담대히 하라 두려워 말며 놀라지 말라 네가 어디로 가든지 네 하나님 여호와가 너와 함께 하느니라(여호수아 1장 9절)"

물론 먼저 온 선배 동료들의 초창기 시절 이야기도 들어보고 조언도 구하였다. 먼저 경험하였다는 것이 부러울 때가 많았다. 그들의 경험이 모두 내 것이면 좋겠다고 생각하곤 했다. 그러면 시행착오가 줄어들 것만 같았다. 하지만 나의 노력과 기도가 없는 경험은 아무 의미 없다는 것을 깨달았다.

한국에 있었다면 나의 부족함을 다른 것으로 포장하여 감추고 살았을 것이다. 하지만 선교지에서는 그럴 수가 없었다. 날마다 현지인과 먹고 마시며 함께 생활했기 때문에 나의 모든 것이 드러났다. 처음엔 감출 수 없는 게 싫었다. 결국 사회 경험도 없고 지도자가 되어 본 적도 없었던 나는 스스로를 부족한 선생님이라고 판단해 버렸다. '나처럼 능력 없고 부족한 사람이 이곳에 있어야 할 이유가 있을까?' 하는 회의가 들기도 했다. 생각은 꼬리에 꼬리를 물고 마지막에는 언제나 눈물을 펑펑 쏟았다. 아무 것도 판단할 수 없었고 무언가를 감당하는 것이 너무 두려워서 날마다 주님께 울며 기도하였다.

내 실수로 인한 피해가 나에게만 돌아온다면 그토록 두렵지는 않았을 것이다. 하지만 많은 캄보디아 아이들과 청년들을 지도하는 선생님으로서의 내 실수는 모두에게 영향을 미칠 수 있었다. 그것이 두려웠다. 나는 능력 있는 완벽한 선생님이 되고 싶었다. 무슨 일이든 멋지게 해내서 칭찬받고 인정받는 선생님이 되길 원했다. 그러나 그것은 나의 허망한 욕심이었다. 새벽까지 울며 기도하는 날이 많았다. 기쁨이 아닌 형식으로 사역에 임하는 나를 용서해 달라고 간구하였다.

'No pain, No gain. – 고통 없이는 얻는 것도 없다.'

내가 무척이나 힘들어 할 그때, 선교사님께서 가르쳐 주신 짧고 굵은 명언이었다. 해산의 고통 없이는 자식을 얻을 수 없는 것처럼 나의 고통 역시 귀한 축복으로 다가 올 것을 믿고 두려워하지 말라는 위로였다.

그날 이후, 나는 두려워하는 대신 모든 일을 정면으로 부딪쳐 가며 배우기로 결심했다. 여전히 실수가 있었지만 그것을 통해 다음에는 더 능숙하게 일을 처리할 수 있었다. 이제는 고난이나 실패가 오더라도 낙심하지 않고 좋은 공부로 생각해야겠다고 마음먹었다. 그리고 그렇게 실패를 통해 공부한 귀한 자료들을 내 마음의 도서관에 비치해야겠다고 다짐했다. 기도와 스스로의 다짐을 통해 나는 조금씩 두려움에서 빠져 나오고 있었다.

주님… 감사합니다. 이제는 두렵지 않습니다.

3. 캄캄캄… 캄보디아

딱 1년만… / 생기지 못한 장애물 / 2주간의 단기선교 / 캄보디아로 어학연수를 떠난다고? / 나는 외명 선생님 / 선교 실습생 / 주님의 파출부 / 진도대장이 된 할머니 / NO PAIN, NO GAIN / 캄연희가 되다 / 느리지만 감사 / 복음은 트럭을 타고 / 촛불처럼 사랑을 / 꿈꾸는 아이들 / 유령가족 / 제가 딸이 되어 드릴게요 / 아흔아홉 살 할머니 / 어버이날의 눈물바다 / 시작된 아픔 / 다시 가면 안 될까요? / 8일간의 기적 / 낯선 자매들 / 중국어 예배를 위해 / 보내주시는 사람들 / 드디어 예배를 / 이제는 아름다워 / 속눈이 다 들어 가다니 / 실명이라뇨? / 비밀스러운 고산 / 설명자 자를 드세요 / 빨리 오세요, 빨리 / 귀여운 바스코트, 완디 / 베트남의 희망 바바 / 막강한 가문의 딸, 리히니 / 날라리, 로아킷 / 국가대표 탁구 선수 라보 / 파산 / 아버지의 행방불명 / 환난 중에 참으며 / 성경책 속 십만 원 / 아빠의 편지

chapter.1

캄연희가 되다

    캄보디아에 온지도 햇수로 4년이 되어 가고 있다. 이곳 기후와 문화에 적응하여 살아가는 내 모습을 보며 이제는 서서히 캄보디아인이 되어 가고 있음을 깨닫는다.
    처음 이곳에 왔을 때는 모기 때문에 힘들었다. 긴바지를 입지 않으면 가만히 서있는 것조차 어려울 지경이었다. 하는 수 없이 모기에 물리더라도 어쩔 수 없다 생각하고 꾹 참으며 지냈더니 신기하게도 언제부터인가 덜 물리게 되었고 간혹 물려도 잘 느끼지 못하거나 하루만 지나면 물린 자국이 흔적도 없이 사라지곤 했다. 그러다보니 이제는 모기에 물려도 며칠 후면 없어지겠거니 하고 대수

롭지 않게 넘어가게 된다. 가끔 외부의 단기 선교팀이나 손님들의 다리 곳곳이 빨갛게 부어 있는 것을 보면 예전의 내 모습이 떠올라 웃음 짓게 된다. 간혹 "연희 자매는 왜 모기에 물리지 않느냐?"고 물어보시는 분들에게는 웃으며 이렇게 대답한다.

"모기가 나를 캄보디아 사람으로 생각하는 거 같아요."

캄보디아에 처음 왔을 때는 먹는 것도 문제였다. 다행히 먹는 것을 워낙 좋아했던 나는 이곳 음식도 비교적 가리지 않고 잘 먹을 수 있었다. 그런데 밥이 문제였다. 일명 '알량미'라고 부르는 캄보디아 쌀은 아무리 먹어도 배가 부르지 않았다. 처음 1년 동안은 아무리 밥을 먹어도 뒤돌아서면 다시 금방 배가 고팠다. 그래서 매 끼마다 밥을 두 공기 이상 먹곤 했다. 그런데 어느 순간 알량미가 나에게 오히려 복이 된다는 사실을 깨달았다. 한국에 있을 땐 과식할 때마다 속이 더부룩해져서 잘 체했었다. 그러면 엄마가 손을 따주시거나 등을 두드려 주시곤 했는데 얼마나 자주 체했던지 간혹 엄마가 전화하실 때면 요즘은 체하지 않느냐고 물어 보실 정도였다. 그런데 캄보디아에서 알량미를 먹게 된 후로는 체하거나 위가 아픈 적이 없었다. 너무도 감사한 일이었다.

어느 날 문득 까맣게 그을린 내 얼굴과 팔을 보며 그제야 내가 있는 곳이 한국이 아닌 캄보디아라는 사실을 깨닫게 될 만큼 이곳 생활에 익숙해졌다. 한낮에 내리 쬐는 햇볕이 너무 뜨거워 가만히 있어도 땀이 흘러내릴 지경이지만 이제는 그 뜨거운 볕에도 어느 정도 적응이 되었다. 이제 웬만한 더위는 더위로 느껴지지 않고 오히려 기온이 28도 이하로 내려가는 날이면 춥다는 생각마저 든다. 너무 더운 곳에 있다 보니 시원함이 무엇인지 알게 되었고, 그것이 얼마나 감사한 것인지 깨닫게 되었다.

이곳의 날씨는 한국과 많이 다르다. 우기가 되면 가만히 있어도 땀이 흐를 만큼 덥다가 갑자기 엄청난 바람과 함께 많은 비가 내리곤 한다. 한국에 있을 때에는 우산을 써야 하는 번거로움 때문에 비 오는 날을 좋아하지 않았는데 캄보디아에 온 이후로 나는 비 오는 날을 좋아하게 되었다. 시원한 바람과 함께 내리는 비는 이곳 캄보디아 사람들을 행복하게 한다. 특히나 물이 부족하고 목욕탕이 없는 빈민촌 사람들에게는 더할 나위 없는 축복이다.

빗방울이 떨어지기 시작하면 사람들은 환호성을 지르며 뛰어나와 빗물에 목욕을 한다. 아이들은 비를 흠뻑 맞은 채 물장구를 치며 빗속을 뛰어 다닌다. 사람들의 행복한 미소와 시원하게 목욕하는 모습은 보기만 해도 즐거운 광경이다. 그래서 이제는 비오는 날이 감사하고 행복하다. 이곳 빈민촌에 살면서 이런 작은 일에도 감사하고 기뻐하게 된 것이 나에게 일어난 가장 큰 변화 중 하나이다.

캄보디아의 뜨거운 태양처럼 나의 사랑하는 아이들과 청년들을 열정적으로 가르치고 싶다. 따끔거리고 간지러운 모기와의 전쟁에서 배운 인내를 통해 아이들과 청년들을 변함없이 사랑하고 싶다. 대지를 식혀주고 사람들의 필요를 공급해 주는 시원한 빗줄기처럼 가난한 아이들과 청년들에게 꼭 필요한 선생님이 되고 싶다.

　나는 이제 김연희가 아니다. 캄보디아 모기도 나를 알아보는지 이제는 잘 물지 않는다. 알량미로 거뜬히 위장병을 고치며, 이글거리는 태양에 맞설 만큼 까만 피부가 되어버린 나는 캄보디아에서 사는 캄.연.희.다.

chapter. 2

느리지만 감사

4년 전, 단기 선교로 캄보디아에 처음 왔을 때 인터넷을 할 수 있는 조그마한 카페에 간 적이 있었다. 말이 카페이지 한국과는 상당한 차이를 보이는 조그마한 가게였다. 그러나 캄보디아는 빗물로 목욕하고 식수도 조심해서 먹어야 하며 빈민들이 많은 가난한 나라라고 알고 온 나는 인터넷을 할 수 있는 곳이 있다는 사실에 놀라지 않을 수 없었다. 물론 이곳 인터넷은 한국처럼 빠르지 않아 인내심을 가지고 이용해야 한다고 했다. 아무려면 어떠랴. 나는 기쁜 마음으로 컴퓨터 앞에 앉았다. 한국에서는 마우스를 클릭하면 적어도 5초 이내에 창이 열리곤 했는데 1분이 넘어도 하얀 바탕만

뜰 뿐 화면에 아무것도 나타나지 않았다. 느릴 거라고 예상은 했지만 느려도 너무 느렸다. 이메일을 확인하기 위해 사이트를 열어 기다리는데만 30분이 넘게 걸렸다. 결국 기다리다 못해 다른 곳으로 이동하는 선교팀 뒷 꽁무니를 부랴부랴 따라갔다.

그러나 이제는 느린 것에 많이 익숙해졌다. 지금은 홈페이지를 찾아오는 전 세계의 많은 성도들과, 캄보디아 아이들과 청년들이 무럭무럭 성장하는 모습을 함께 나눌 수 있다는 사실이 그저 감사할 뿐이다. 캄보디아 현장에서 우리에게 보여 주시는 귀한 주님의 일들을 많은 분들에게 전할 수 있어 행복하다. 선교지를 위해 간절히 기도해 주시는 분들이 있어 감사하다.

물질적으로 풍요해지고 사회가 급격하게 변화함에 따라 우리 삶이 윤택해지고 편리해지는 것도 사실이다. 하지만 때로는 그 풍요와 변화가 우리를 새로운 어려움 속에 빠트리기도 한다. 처음에는 한국처럼 빠른 인터넷을 원하여 기도했었다. 시간을 조금 더 절약할 수 있을 거란 생각 때문이었다. 그런데 가만히 생각해보니 인터넷이 잘 되었다면 캄보디아 아이들과 청년들도 오락과 웹서핑 등으로 교회생활을 소홀히 했을 것 같다. 이와 같이 변화에는 항상 다른 변수가 생기기 때문이다. 그 생각만 하면 나도 모르게 안도의 한숨이 나온다. 여전히 느린 인터넷에 그저 감사할 뿐이다.

캄보디아 아이들과 청년들은 현재 열심히 공부하고 있다. 또한 날마다 교회에서 찬양하고 성경을 배우며 간절히 기도하고 있다. 지도자를 꿈꾸며 최선을 다해 공부하는 우리 아이들을 볼 때면 지금의 느림이 축복으로 느껴진다. 물론 때가 되면 하나님께서 '빠름'도 적절하게 사용하시리라 믿는다.

chapter. 3

복음은 트럭을 타고

캄보디아의 대중교통 역시 한국과는 너무도 다르다. 한국에는 버스, 택시, 지하철 등 다양한 교통수단이 있지만 캄보디아에서는 그런 것을 상상할 수 없다. 최근 들어 택시를 몇 대 보긴 했지만 주로 외국인들이 이용할 뿐, 현지인들은 도무지 이용할 수 없는 비싼 가격이다. 대신 오토바이 택시와 뚝뚝이, 그리고 삼륜차라는 대중교통 수단이 있다. 가끔 개인차를 택시로 이용할 때가 있는데 주로 장거리를 갈 때 돈을 받고 운행하곤 한다. 승합차에 30여명이 넘는 인원이 타고 가는 모습을 보기도 한다.

실제로 캄보디아에서는 그것이 버스와 같은 역할을 한다. 한번은 인범 선생님의 승합차가 주유소를 지나가게 되었는데 다섯 명 가량의 현지인들이 버스인 줄 알고 우루루 달려왔다.

  승합차보다 더 많은 인원이 탈 수 있는 대중교통은 트럭이다. 언젠가 트럭 하나에 6-70여명의 아가씨들이 빼곡하게 타고 가는 모습을 본 적이 있다. 그 광경은 뭐라 형용할 수 없을 정도로 낯설었다. '무섭지는 않을까? 위험하지는 않을까?…' 순간 많은 생각이 머릿속을 지나갔다. 하지만 위험해 보이는 이 트럭이 캄보디아 외각 지대의 공장에서 일하는 아가씨들에게는 매우 중요한 교통수단이었다.

  나도 캄보디아에서 트럭을 타 본 적이 있다. 단기 선교를 왔을 때의 일이다. 늦은 밤 평화교회에서 사역을 마친 우리 일행은 사랑의교회로 이동해야 했다. 24인승 버스를 타고 이동할 줄 알았는데 버스는 보이지 않고 트럭 한 대가 떡하니 대기하고 있었다. 자매들은 트럭을 탄다는 것에 약간의 두려움과 거부감을 가지고 있었다. 그 때 우리를 인솔하시던 목사님께서 두려워하는 자매들을 위해 주님의 게릴라가 되어 악의 소굴로 침투해야 한다며 담대하게 트럭을 타라고 농담 반 진담 반으로 이야기하셨다. 트럭에 타기 전, 우리는 모자와 마스크를 쓰고 함께 기도하였다. 그리고 차에 오른 후에는 함께 찬양하였다. '마지막 날에'라는 찬양을 개사한 선교팀의 주제가였다.

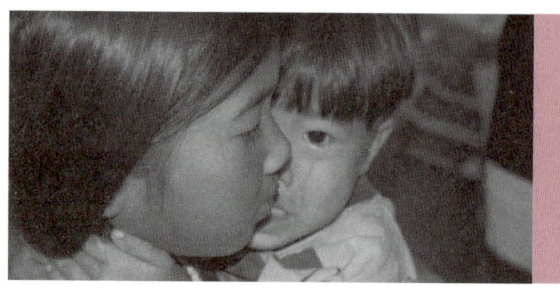

우리는 게릴라 주의 특수부대 모든 백성에게 자유 주리라
우리들은 침투 할 것이요. 우리들은 기습할 것이요.
우리들은 폭파하리라 사단의 사슬을
성령이여 임하소서 성령이여 우리에게 임하소서

목적지에 도착할 때까지 끊임없이 찬양하며 우리는 캄보디아의 밤하늘을 바라보았다. 트럭을 타고 바라본 캄보디아의 밤하늘에는 수많은 별들이 반짝이고 있었다. 너무나 아름다웠다. 별들이 우리의 가는 길을 아름답고 밝게 비춰주는 것 같았다. 그렇게 행복한 드라이브를 마치고 잠시 후 사랑의교회에 도착한 우리는 서로의 모습을 보며 깜짝 놀라고 말았다. 포장되지 않은 길을 달리는 동안 흙먼지가 우리를 온통 뒤덮었기 때문이었다. 하얀 옷이 누렇게 변해 있었고 온 몸에도 누런 흙먼지가 가득했다. 얼굴은 물론 코와 귓속까지 누런 흙먼지를 닦아내느라 고생하긴 했지만 그날의 트럭

행진은 두고두고 잊지 못할 추억이 되었다.

이제는 선교팀이 올 때마다 트럭을 예약하여 공항에 대기시키는 일이 나의 임무가 되었다. 가끔은 선교팀을 교회까지 안내하기 위해 함께 타고 갈 때도 있다. 그러면 그 트럭 안에서 단기선교팀원들에게 게릴라 찬양을 가르쳐 주곤 한다. 주님의 게릴라가 되어 트럭을 타고 적진으로 침투하는 귀한 트럭 사역은 캄보디아 교통법이 바뀌지 않는 한 앞으로도 계속 될 것이다.

chapter. 4

촛불처럼 사랑을

캄보디아의 날씨가 무더워지기 시작하면 전기 이용량이 많아지기 때문인지 하루에 한 번 이상은 꼭 정전이 된다. 처음에는 전기 없는 생활이 익숙하지 않아 답답하고 참기 힘들었다. 한번은 송전 부스가 고장 나서 1주일 동안 전기가 들어오지 않았다. 전기회사에 문의했더니 한화로 천만 원 정도하는 변압기를 구입할 재정이 없어서 수리가 지연될 거라고 했다. 덕분에 1주일 이상을 촛불과 손전등으로 지내야 했다. 그때처럼 전기의 중요성을 실감했던 적은 없었다. 문득 여기보다 더 오지인 지방교회에서 전기 없이 고생하시는 동료 선생님들이 생각났다. 그리고 촛불로 생활하면서 나름대로 그 상황에 적응하는 법을 배우게 되었다.

청년들은 손전등을 켜고 공부하면서도 더 열심히 집중하였고 촛불로 드린 예배로 또 다른 은혜를 경험했다. 많은 불편함이 있었지만 오히려 어둠 속에서 자신을 돌아보며 묵상하는 시간이 되었다. 저녁에는 캄캄한 어둠 속에서 아이들과 청년들이 함께 뛰어 놀았다. 동네 사람들도 우리 모습을 구경하며 재미있어 했다. 1주일 후 전기가 들어오자 모든 소망동네 주민들과 교회 아이들, 청년들이 환호성을 지르며 주님께 감사했다.

그러던 어느 날 저녁, 또 갑자기 정전이 되어 온 동네가 암흑세계로 변했다. 지난번처럼 송전부스가 고장난 것은 아닐까하는 불안이 엄습해 왔다. 뭔가 대책을 세워야겠다는 생각이 들었다. 저녁 식사 전이었기 때문에 식사를 준비하는 것도 걱정이 되었다. 일단은 라면으로 간단히 해결하려고 부엌으로 갔다. 부엌에 가서 보니 교회에서 함께 살고 있는 네 명의 자매가 어두움 속에서 저녁 식사를 준비하고 있었다. 촛불 하나를 켜놓고 정성스럽게 야채를 다듬는 모습이 참으로 기특했다. 고맙기도 하고 미안하기도 하여 간단하게 라면을 끓이자고 했더니 굳이 요리를 하겠다며 나를 만류했다. 잘 보이지 않는다고 답답해하며 불평하는 대신 그 상황을 오히려 감사하며 최선을 다하는 모습을 보며 그러지 못한 나 자신이 부끄러웠다.

어둠 속에서도 맛있는 요리를 만들기 위해 각각 역할이 주어졌다. 열두 살의 사우피아 자매는 밥공기와 물 컵을 준비하고 열세 살의 샤오피앙 자매는 스라이 초홉 자매가 요리를 할 수 있도록 야채를 다듬었다. 열다섯 살의 티다 자매는 과일을 잘랐다. 열여덟 살의 맏언니인 스라이 초홉 자매가 야채를 볶기 시작했다. 이윽고 식탁에 올려진 음식들은 정성껏 양념이 되어 사랑과 감동으로 버무려져 있었다. 손전등으로 식탁에 놓인 음식을 비추었더니 조명 효과 때문인지 더욱 먹음직스럽게 보였다.

어려운 상황 가운데에서 느끼는 감사와 행복이 무엇인지 알 것 같았다. 자신의 몸을 태우며 세상을 밝게 비추는 촛불처럼 사랑과 정성으로 요리한 네 명의 자매가 너무너무 자랑스러웠다. 저녁을 먹는 내내 이 자매들이 주님 안에서 무럭무럭 자랄 수 있기를 기도했다.

4. 빈민촌 천사들

딱 1년만… / 생각지 못한 장애물 / 2주간의 단기선교 / 캄보디아로 어학연수를 떠난다고? / 나는 외맹 선생님 / 선교 실습생 / 주님의 파출부 / 전도대장이 된 할머니 / NO PAIN, NO GAIN / 출연희가 되다 / 느리지만 감사 / 복음은 트럭을 타고 / 촛불처럼 사랑을 / **꿈꾸는 아이들** / **유령가족** / **제가 딸이 되어 드릴게요** / **아흔아홉 살 할머니** / **어버이날의 눈물바다** / 시작된 아픔 / 다시 가면 안 될까요? / 8일간의 기적 / 낯선 자매들 / 중국어 예배를 위해 / 보내주시는 사람들 / 드디어 예배를 / 이제는 아랍어다 / 속눈이 타들어 가다니 / 실명이라니요? / 비밀스러운 고민 / 결명자 차를 드세요 / 빨리 오세요, 빨리 / 귀여운 마스코트, 완디 / 베트남의 희망, 베바 / 막강한 가문의 딸, 리히나 / 날라리 은아핫 / 국가대표 탁구 선수, 라보 / 파산 / 아버지의 행방불명 / 환난 중에 참으며 / 성경책 속 십만 원 / 아빠의 편지

chapter. 1

꿈꾸는 아이들

캄보디아에서의 내 꿈은 교회 청년들과 아이들의 좋은 선생님이 되는 것이다. 그 꿈을 향해 나아가는 길에는 많은 어려움과 고통이 있지만 그것을 인내로 견뎌내면 마침내 크나큰 축복을 받게 된다는 것을 나는 이 곳 캄보디아에서 경험할 수 있었다.

나는 이곳의 아이들과 청년들에게도 꿈을 심어 주고 싶었다. 비록 가난한 빈민촌에 살고, 가정형편이 어려워 학교에 가지 못하는 학생들도 있었지만 꿈을 포기하지 않고 열심히 기도하고 노력한다면 하나님께서 분명 이들을 이 나라의 지도자로 만들어 주실 것이라고 믿었다.

하루는 50여명 정도의 청소년들을 불러 모아 큰 원을 만들어 앉았다. 우리는 함께 기도하고 찬양한 후, 모두 눈을 감고 자신의 꿈에 대해 생각하는 시간을 가졌다.

열일곱 살 스라이 쩌헙 자매는 어렸을 때 무척이나 말괄량이였다고 했다. 그러나 까만 피부에 곱슬머리를 가진 그녀는 자신의 외모에 대해 콤플렉스를 가지고 있었다. 게다가 다른 아이들에 비해 키도 훤칠하게 커서 남자 아이들이 남자라고 놀리는 바람에 마음속에 상처를 입게 되었다. 가정형편도 어려웠다. 뇌졸중으로 쓰러져 편찮으신 어머니 대신 그녀가 가정을 돌봐야 했다. 시장에서 닭을 팔며 어렵게 생계를 이어가는 삶이 고단하여 그녀는 항상 모든 것을 비뚤게 보고 투덜거렸다. 그러나 교회에 나와 공부하고 기도하고 찬양하면서 그녀의 천방지축 성격은 변화되기 시작했다. 불평이 쏟아지던 입에서 기도가 나오는 참한 숙녀로 변해가고 있었다. 특히 그녀의 목소리는 무척 아름답고 고왔다. 그녀는 언젠가 주님의 사랑과 은혜를 찬양하는 크리스천 가수가 되고 싶다고 하였다. 그때부터 그녀는 찬양 연습을 시작했다. 그리고 마침내 찬양 리더로 서는 날, 거칠고 투박했던 그녀가 찬양을 부르며 눈물을 흘리는 모습을 보며 나 역시 눈물을 흘릴 수밖에 없었다. 스라이 쩌헙 자매의 일을 계기로 이후에도 부정적인 성향이 있거나 말썽을 피우는 청년들은 찬양리더를 시키기로 정하였다. 찬양을 통해 마음이 부드러워지고 변화되는 역사를 체험했기 때문이다. 그만큼 찬양이 아이들과 청년들에게 중요한 사역이라는 것도 새롭게 알게 되었다.

이제 자매는 교회에서 누구보다도 바쁜 사람이 되었다. 늘 찬양을 연습하고, 또 매일 오후 1시간씩 빈민촌 어린들에게 캄보디아 말을 가르쳐 주는 선생님이 되었기 때문이다. 그녀의 변화를 통해 얼마나 많은 아이들이 혜택을 누리는지 모른다. 하나님의 나라가 변화된 한 사람을 통하여 넓게 퍼져 나가는 은혜를 우리는 스라이쩌헙 자매를 통해 생생하게 체험하고 있다.

바하랑 형제는 6남매 중 첫째다. 바하랑, 페에론, 먹짜아, 로타아, 로티아. 이렇게 5형제에 얼마 전 막내 여동생이 태어나 육남매가 되었다. 빈민촌 판자집에서 여덟 명이 함께 살고 있는 그의 집은 화장실도 없이 빗물을 받아 생활하고 있을 만큼 열악했다. 다섯 명의 형제는 영양실조에 걸려 머리가 노랗게 탈색되어 있었고 배도 볼록 튀어 나와 있었다.

그러다보니 바하랑은 가정형편상 학교를 다니지 못하고 교회에서 살게 되었다. 사람들 앞에서 말도 제대로 하지 못할 정도로 수줍음이 많았지만 교회 기숙사에 살면서 자신의 꿈을 위해 간절히 기도하게 되었다. 주님을 만나기 전엔 꿈 자체를 가질 수가 없었다. 어머니가 시키는대로 집안일만 해야 했기 때문이다. 그러던 그가 꿈을 위해 기도하면서 찬양팀의 드러머가 되었다. 그 누구에게도 배운 적이 없었다. 어깨 너머로 혼자 터득한 실력이 어느 순간 모든 선생님들을 놀라게 할 정도로 발전해 있었다. 그동안 단기 선교팀으로 온 선생님들이 드럼 치는 것을 보며 혼자 기도하며 연습한 실력이었다. 배움에 굶주린 아이들이 스스로 연구하고 실력을 연마하는 것을 볼 때마다 얼마나 노력하고 기도했을까 생각하게 된다. 정식으로 배우지는 못했지만 그는 최고의 드러머가 되어 훗날 찬양 사역자가 되는 것을 꿈꾸고 있다.

갈 곳이 없어 교회에서 살게 된 소피히 형제는 중학교 때부터 대학생이 될 때까지 한 번도 문제를 일으킨 적이 없다. 겸손하고 신실하여 맡은 일에 충성을 다하는 소피히 형제. 그는 명절이 되어도 집에 가지 않는다. 잘 곳도 없을 만큼 집이 가난하기 때문이다. 그렇게 교회 기숙사에서 생활하며 신앙을 키워가던 소피히 형제가 이제는 스물두 살 청년이 되었다.

자상함과 성실함으로 주일학교에서 아이들을 가르치는 소피히 덕분에 주일학교가 크게 부흥하였다. 그는 자신에게 맡겨진 양떼들에게 무엇을 해주어야 할지 끊임없이 고민하는 선생님이다. 한번은 소피히가 수학여행을 가느라 주일학교 예배를 빠지게 되었다. 어린 학생들은 소피히 선생님이 안 보이자 많이 우울해 했다. 그리고 다음날 선생님을 만나자마자 모두 달려가 그에게 안기며 기뻐했다. 내게 주어진 양떼를 사랑으로 돌보고 보살피면 그들로부터 더 많은 사랑을 받게 된다는 것을 소피히를 통해 알게 되었다.

소피히 형제는 현재 대학에서 인테리어를 전공하고 있다. 그는 전공을 살려 교회의 실내 인테리어 디자이너가 되겠다고 이야기한다. 지금도 교회에서 행사를 할 때면 풍선아트와 각종 장식을 직접 디자인하여 꾸민다. 뿐만 아니라 교회를 아름답게 만들고 싶다며 날마다 그림을 그리고 디자인하면서 열심히 공부하고 있다.

의사가 되어 아픈 사람들을 치료해주고 가난한 사람을 도와주겠다는 청년들, 수상 부인이 되고 싶어 하는 자매, 기타리스트가 되어 찬양팀을 하고 싶다는 사람, 전도사님이 되어 복음을 전하겠다는 아이, 유능한 사업가가 되어 교회를 돕겠다는 아이 등등…. 우리 아이들과 청년들의 꿈과 장래 희망은 참으로 다양했다. 그들의 꿈과 소망을 들으며 그들이 되고 싶어 하는 분야에 기회를 주어야겠다고 생각했다. 그리고 그들이 꿈을 잊지 않기를 바라며 가끔씩 가수, 기타리스트, 변호사, 의사, 디자이너라고 불러 주었다. 또한 너는 반드시 그렇게 될 것이니 더욱 기도하고 열심히 공부하라고 격려해 주었다.

우리는 꿈을 꾸고 그 꿈을 향해 달리고 있다. 물론 가난은 가난을 낳아 대물림이 되기도 한다. 하지만 우리 빈민촌 아이들과 청년들에게는 해당되지 않는 얘기다. 우리의 힘이 아닌 든든한 하나님 아버지의 이름으로 우리의 꿈을 이루어 갈 것이다.

4. 빈민촌 천사들

chapter. 2

유령가족

선교에 대해 깊이 생각해보게 된 일이 있었다. 처음 이곳에 올 때는 성경을 가르치며 복음을 전하면 그것이 곧 선교가 되는 줄로만 알았다. 하지만 빈민촌에 살면서 선교란 그들의 인생에 뛰어 들어 다방면으로 그들을 섬기는 것이라는 걸 깨달았다. 지금도 나는 성도들이 주님 안에서 잘 살 수 있도록 돕는 것이 너무나 중요하다는 것을 배우고 있다.

교회에는 아이들과 청년들의 식사를 담당해 주시는 집사님과 그 아들 빤냐아, 로티나아도 함께 살고 있다. 이전에는 남편도 없이 이곳저곳을 떠돌아다니며 생활했다고 했다. 그런데 주님을 영접한 그들이 갈 곳이 없다는 것을 알게 되어 교회에서 집사님과 두 아들을 함께 살게 해 주었고 집사님은 감사함으로 열심히 교회를 섬기고 있었다.

그런데 어느 날 현지인인 낙 전도사가 나에게 와서 어렵게 이야기를 꺼냈다.

"선생님… 집사님의 두 아이들을 학교에 보내야 하는데 호적이 없는 게 문제가 되고 있어요. 그동안은 학교 선생님의 양해를 구하고 다녔나본데 이제는 캄보디아 법이 강화되어 불가능해졌다고 해요. 이를 어쩌지요?"

나는 두 아이의 호적이 없다는 사실에 매우 놀랐다. 집사님 가정뿐 아니라 프놈펜에는 그러한 가정이 꽤 많이 있다. 캄보디아 국민으로 살면서 그것을 증명할 만한 서류가 없다는 게 어떤 기분일까? 집사님은 무려 40년 동안이나 호적이 없는 채로 그야말로 존재감 없이 살아 왔던 것이다. 집사님 가족은 국가에서도 제대로 파악할 수 없는 이른바 유령가족이었다. 다행히 그동안에는 별다른 문제가 없었지만, 이제 아들들이 학교에 다닐 나이가 되자 호적 문제는 가족의 커다란 장애물이 되었다.

호적을 만드는 금액은 120불이었다. 그 돈이 없어서 학교도 다니지 못하고 유령처럼 살아야 하다니…. 물론 120불은 나에게도 큰 금액이다. 내 사역비의 반이나 되기 때문이다. 나는 그 가정을 어떻게 도울 수 있을지 고민하며 기도했다. 그런데 기도하면 할수록 자꾸만 내가 그 가정을 도와야한다는 주님의 마음이 느껴졌다. 고심 끝에 집사님께 120불을 드렸다. 집사님은 너무 감사하다며 그제야 갖게 된 호적을 들고 눈물을 글썽였다. 나 역시 정식으로 캄보디아 국민이 된 집사님 가족을 축복해 주었다. 이젠 선거 때 투표도 할 수 있었고 아이들을 학교에 보낼 수도 있었다. 그리고 그동안 보지 못했던 집사님의 아들 빤냐아 형제의 행복한 얼굴을 볼 수 있었다.

빤냐아 형제는 당시 열다섯 살이었다. 엄마와 함께 교회에서 살기 때문인지 부모님과 떨어져 있는 다른 친구들에 비해 게으르고 말도 잘 듣지 않았다. 좀처럼 웃는 얼굴을 볼 수 없었고 매사에 부정적이고 의욕이 없었다. 가난한 삶과 아버지가 없다는 콤플렉스 때문에 마음이 삐뚤어진 채로 살고 있는 것 같았다. 성격도 거칠어서 늘 싸우고 친구들을 때리면서 항상 말썽꾸러기로 살았다. 상황이 어려울수록 더 열심히 공부하고 신앙생활도 하면 좋으련만 계속해서 방황의 시간을 보내는 것 같아 마음이 아팠다.

그런데 호적이 생긴 이후 빤냐아가 달라지기 시작했다. 환한 미소로 율동팀에 참여했고 예배시간에는 큰 소리로 기도했다. 기타를 배우며 주님을 찬양했고 아버지가 없다는 이유로 외로워하는 대신, 하나님께서 아버지가 되어 주신다는 사실에 기뻐했다.

집사님 가정에 진정한 행복이 찾아온 것 같아 나 역시 기뻤다. 누군가를 돕는 건 바로 나 자신을 더욱 행복하게 만드는 일이라는 것을 이곳 캄보디아 와서 절실하게 느끼고 있다.

 chapter. 3

제가 딸이 되어 드릴 게요

　빈민촌에 있으면 어제의 일이 아주 오래된 일처럼 가물가물하게 느껴질 때가 많다. 건망증이나 치매 증상이 아니다. 그만큼 수많은 일들과 끊임없는 변화의 한복판에서 생활하고 있다는 뜻이다. 그러나 반대로 시간이 흐르면 흐를수록 더 생생하게 기억되는 일들도 있다. 예컨대 가장 소중한 것을 잃어 버렸을 때의 상심이 그 중 하나일 것이다. 스물네 살 나나 자매의 장례가 그랬다. 비록 이 땅에서 이별하는 아픔을 경험하는 시간이었지만 빈민촌 기독 역사에 길이 기억될 만큼 위대한 일이었다.
　주님 곁으로 간 나나 자매는 또으잇 전도사의 여동생이다. 11년

전, 영적으로 암울했던 이곳 빈민촌에서 그녀는 교회의 개척 멤버로 예수님을 영접하였다. 어린 시절부터 누구보다 주님을 사랑했고 모든 일에 순종했던 헌신적인 자매였다. 청년으로 성장하면서 자신의 미래에 대해 늘 진지하게 기도하며 준비해 왔던 그녀는 세상에 홀로 서 있지 않고 주님의 손을 잡고 살아갈 수 있다는 것, 주님께 나아와 쉴 수 있다는 것을 자신의 행복으로 알고 살고 있었다.

그런 그녀가 갑작스럽게 주님 곁으로 가게 되었을 때 많은 사람들이 놀란 것은 당연한 일이었다. 나나 자매는 나와 같은 나이였다. 빈민촌에 올 때마다 선교팀을 안내해 주며 통역해주는 동역자였고 마음 편한 동갑내기 친구였다. 나는 함께 있으면 늘 재밌고 명랑한 그녀가 좋았다. 나나 자매의 눈을 보고 있으면 마음이 늘 편안했고 주님 안에서 평생 친구로 서로를 위해 기도하자며 비전도 나누었었다.

소식을 듣고 달려간 병원에서 나나 자매는 산소 호흡기에 의지해 가늘게 숨을 쉬고 있었다. 작은 병원에서는 손을 쓸 수 없다고 하여 곧 프놈펜 깔멜 병원으로 이송하였다. 앰뷸런스 안에서 나는 그녀에게 아무 말도 하지 못했다. 눈물을 흘릴 수도 없었다. 아무 말 없이 그녀의 팔과 다리를 주물러 줄 뿐이었다.

도착한 응급실에는 어이없게도 모기가 가득했다. 나나 자매의 다리를 주무르는 내 손도, 나나 자매의 다리도 계속해서 모기가 물어댔다. 순간 눈물이 쏟아졌다. 간지럽다고 긁기라도 하던지 따갑다고 투정부리며 움직이기라도 했으면 좋았으련만…. 나나 자매는 미동도 하지 않은 채 가만히 누워 있었다. 그리고 그것이 나나 자매의 마지막이었다. 쓰러진지 다섯 시간 만에 그녀는 그렇게 하늘나라로 가게 된 것이다. 병명도 모른 채 말이다.

나나 자매의 어머니는 우리 교회의 신실한 성도이자 여전도회 회장이었다. 하지만 친척들 모두가 불교도였기 때문에 불교식으로 장례를 치를 것을 강요했다. 그러나 어머니는 당당하게 말씀하셨다.

"나는 교회의 리더이고 나의 가족은 기독교인입니다. 우리 가정은 교회의 모델이 되어야 합니다. 내 딸의 장례를 불교식으로 치르지 않겠습니다. 우리는 천국에서 반드시 만날 것이므로 예수님께 우리의 모든 것을 맡길 것입니다."

주님께서는 집사님의 결단을 기뻐하셨고 교회를 통하여 축복하여 주셨다.

나나 자매가 운명한 그날은 주일이었다. 우리는 집사님의 결단대로 기독교식 장례를 치르기 위해 시신이 안치되어 있는 불교 사원으로 갔다. 그곳에서 관을 살 돈이 없어 하얀 천만 덮어 놓은 나나 자매의 시신을 본 나는 마치 가시에 찔린 것처럼 마음이 아팠다. 나나 자매의 어머니는 나를 보자마자 울기 시작했다. 나를 보며 계속해서 나나의 이름을 불렀다.

"집사님. 제가 딸이 되어 드릴게요. 나나는 천국에 있지만 제가 집사님의 딸이 되어 드릴게요."

그러나 집사님은 계속해서 울며 나나 자매의 이름을 부르셨다. 우리는 집사님을 위로하며 나나 자매의 관을 사기 위해 바쁘게 움직였다. 기독교식으로 장례를 치르는 것은 이곳 빈민촌 마을에서 처음 있는 일이었다. 때문에 모두가 간절하고 애절한 마음으로 주님께 기도했다. 웅장한 관이 사원으로 들어가자 불교도들은 눈이 휘둥그레져서 상황을 지켜보았다. 우리는 함께 모여 입관 예배를 드렸다. 모두가 뜨거운 눈물을 흘리며 '나 같은 죄인 살리신 주 은혜 놀라워', '우리 다시 만날 때까지'를 찬양하였다. 나나 자매의 어머니도 천국에서 다시 만날 거라는 믿음으로 한없이 울며 찬양하였다.

다음 날은 관을 옮겨 묘지로 향했다. 나나 자매의 관을 실은 장례 차는 프놈펜 시내를 가로질렀다. 부적이나 다른 우상이 아닌 십자가가 세워진 행렬이었다. 모두가 버스와 오토바이를 타고 행렬에 동참하였다. 묘지에 도착했을 때, 이제는 정말 이별이라는 생각에 마음이 무거웠다. 마지막 예배를 위해 우리는 관을 중심으로 둘러섰다. 이제 아름다운 찬양과 모두의 축복이 담긴 기도를 마지막으로 헤어져야 했다. 나나 자매의 어머니는 마지막으로 딸을 사랑한다고 고백하며 천국에서 꼭 다시 만나자는 메시지를 남겼다. 그리고 그 자리에 있던 모든 성도님들이 흙을 뿌리며 눈물로 나나 자매를 묻었다.

며칠 후, 집사님을 위로하기 위해 집으로 찾아갔다. 매일 눈물로 지내신다는 소식에 걱정이 앞섰다.

"마마, 크놈 모옥 네약 꼬은스라이(엄마, 딸인 저 왔어요)."

집사님은 나를 보자마자 또 다시 눈물을 글썽이며 안아 주셨다. 장례식장에서보다는 안정을 찾으신 것 같아 안심이었다. 집사님은 연신 고맙다고 말씀하시며 나나가 천국으로 간 것이 확실하다고 이야기하셨다. 장례식 이후, 집사님 가정에 찾아오는 손님들마다 나나 자매가 천국에 간 것을 꿈에서 보았다고 이야기했다는 것이다. 그 날도 친척들이 집에 와 있었다. 장례식에 참석했던 불교와 이슬람교 친척들은 나나의 기독교식 장례를 보며 크게 놀랐으나 나나 자매의 죽음을 통해 하나님이 살아 계시다는 것을 느꼈다고 했다. 또한 크리스천들이 부르는 찬양과 기도, 그리고 한없는 사랑에 감동을 받았다고 했다. 그들은 크리스천들은 왜 서로 사랑하느냐고 질문했다. 비록 슬픔 가운데 있었지만 그런 중에도 믿지 않는 친척들에게 주님을 전할 수 있다는 사실이 기뻤다.

그 이후로도 집사님은 딸이 그리울 때마다 나를 안아주시며 사랑한다고 말씀하신다. 집사님이 "연희 선생님은 나의 딸입니다."

하고 말하며 미소 지으시면 나도 캄보디아 엄마가 생겼다며 집사님을 꼭 안아드린다.

"마마! 크놈 스럴란 네약(엄마! 사랑합니다)."

 chapter. 4

아흔아홉 살 할머니

교회 근처 이웃집에 99세 할머니가 사신다. 병이 있는 것은 아니시지만 노환으로 거동이 불편하여 누워만 계시기 때문에 가끔씩 문안을 간다. 한번은 새해 인사를 드리기 위해 할머니의 집을 방문했었다. 늘 기력이 없으셔서 안쓰러웠는데 그날은 정정한 모습으로 반겨주셨다. 할머니께 새해 인사를 드리고 이야기를 나누었다. 할머니는 내가 갈 때마다 "선생님 러어(좋다)"라고 말씀하신다. 기력이 없는데도 손을 들어 계속 '러어'라고 하신다. 그런 할머니의 손을 잡아 드리며 한참을 이야기했다. 서툰 캄보디아 말로 대화를 나누다보면 마치 친할머니와 함께 있는 것처럼 느껴져서 행복했다.

　그 할머니를 만날 때면 한국에 계신 우리 할머니가 생각났다. 오로지 자손들을 위해 여든이 넘으신 나이에도 홀로 장사하며 사시는 할머니. 장사 때문에 주로 앉아 계셔서인지 할머니는 관절이 좋지 않으셨다. 특히 푸른 멍이 가실 날이 없을 만큼 무릎이 많이 아프셔서 때로는 걷는 것도 힘들어 하셨다. 그럴 때마다 나는 이 다음에 의사가 되어 할머니의 무릎을 고쳐드리겠다고 하였다. 그러면 할머니는 눈물을 훔치며 고마워하셨다.

　명절이 되어 가장 신나는 일은 할머니를 만나는 것이었다. 명절이 되면 다른 사람들은 한복을 입고 시골에 갔지만 우리 집은 할머니가 2시간 동안 버스와 전철을 갈아타고 우리에게로 오셨다. 지금처럼 에스컬레이터나 엘리베이터가 많지 않을 때였는데도 다니시면서 한 번도 무릎이 아프다는 말씀을 하지 않으셨다. 오빠와 나만 보시면 항상 웃으시며 우리 손자들이 최고라고 말씀해 주셨다. 세뱃돈도 할머니가 제일 많이 주셨다. 그래서 할머니가 주신 세뱃

돈을 모아서 피아노를 사겠다고 하면 할머니는 당신이 직접 피아노를 사주시겠노라고 말씀하시곤 했다. 하지만 나에게는 아직도 피아노가 없다. 경기가 좋지 않아 할머니의 가게에도 어려움이 불어 닥쳤기 때문이다. 할머니는 지금까지도 나에게 피아노를 사주지 못하신 것을 마음 아파하신다. 손녀딸과의 약속을 지키지 못한 것이 늘 마음에 걸리셨던 모양이다.

하나님의 섭리는 정말 오묘하다. 우리 할머니에게 다하지 못한 효도를 이곳 캄보디아 빈민촌에 계신 아흔아홉 살의 할머니에게 할 수 있게 하시니 말이다. 한국에 계신 할머니도 내가 빈민촌으로 올 때부터 교회에 나가시게 되었다. 손녀딸을 빈민촌으로 보내시는 마음이 너무도 힘들어 하나님께 기도하지 않을 수 없다고 하셨다. 할머니는 교회에 다니시면서 그동안 기도하지 못한 것을 눈물로 회개하셨고 지금은 기도제목이 너무 많아 시간이 부족할 정도라고 말씀하신다. 나는 이 모든 것이 하나님의 뜻이라 생각하며 내게 맡겨진 사역을 기쁜 마음으로 순종하고 있다.

나는 러어 할머니가 주님을 영접하기를 소망하며 만날 때 마다 예수님에 대해서 말씀드렸다. 그랬더니 언제부터인가 교회에 나가고 싶지만 혼자서는 앉지도 못할 정도로 기력이 없다며 나의 손을 꼭 잡으셨다. 그래서 나는 할머니를 교회로 오게 하는 대신 1주일에 한 번씩 찾아가 건강은 어떠신지 식사는 잘하고 계신지 확인하고 예수님의 사랑에 대해 설명해 드리기로 했다. 그리고 할머니와 헤어질 때는 꼭 '쁘레아 쁘레띠온 뽀(하나님께서 은총이 있기를 바랍니다).'라고 말한 후 집을 나왔다. 그것이 효과가 있었는지 할머니는 요즈음 '선생님 러어'라는 말 이외에도 '쁘레아 엉 러어(하나님이 좋아요)'라고 인사하신다. 감사하고 또 감사한 일이다.

chapter. 5

어버이날의 눈물바다

눈물이 바다가 되었다. 아니, 그 눈물을 다 모으면 정말로 바다가 될 것만 같았다.

어버이의 날을 맞이하여 아이들에게 부모님께 감사의 마음을 전하는 편지를 쓰게 했다. 편지 쓰기에 앞서 우선 낙 전도사님이 하나님께서 선물로 주신 부모님을 왜 공경해야 하는지에 대해서 말씀을 전했다. 그 다음 2부 순서로 모두가 부모님께 편지를 전하며 몇 명의 학생이 대표로 편지를 낭독하였다.

다섯 명의 학생이 선발되어 차례차례 편지를 읽어 내려가자 자리에 앉아 계시던 어머니 아버지들이 눈물을 훔치기 시작했다. 알코올 중독자인 아빠를 창피해하고 미워했던 스라이 까하 자매도 죄송하다며 부모님께 용서를 구했다. 예수님을 믿기 전에는 항상 술 취해 있는 아빠를 용서할 수 없었지만 이제는 교회에 함께 나오게 되어 감사하며, 앞으로 훌륭한 딸이 되겠다는 사랑의 메시지를 전하였다. 동네 모든 사람들이 손가락질하고 무시하는 남편 때문에 오로지 딸들만 바라보며 근근이 생계를 유지하던 스라이 까하 엄마는 딸의 고백에 하염없이 눈물만 흘리셨다. 한 명 한 명의 편지 내용을 들으며 모든 성도가 고개를 떨구고 울기 시작하였다.

은혜교회 집사님 딸인 칸니 차례가 되었다. 섬마을에서 예수를 믿기 전에는 가게를 운영하며 괜찮게 사는 가정이었는데 동네에서 처음으로 예수를 영접하자 예수를 믿는다고 사람들이 물건을 사주지 않아 결국 제일 가난한 집이 되었다. 이런 사정이 있다보니 칸니 자매에게는 아픔이 많았다. 예수님을 영접한 후 부모님이 가게에서 술과 담배를 팔지 않자 동네 사람들로부터 왕따를 당하고 무시와 멸시를 받았다. 결국 어려워진 가정 형편 때문에 부모님은 칸니 자매를 프놈펜 본부에 위탁하셨다. 어린 딸을 무작정 굶길 수는 없었기 때문이다.

칸니는 섬마을에서 떨어져 지내는 부모님 걱정을 많이 하였다. 특히 부모님이 동네 사람들로부터 핍박을 받거나 프놈펜에서 예배를 드리고 집으로 돌아가다가 강도들에게 봉변을 당할 때는 더욱 애절하고 간절하게 주님께 기도하였다.

  섬마을에 있는 부모님이 그리울 때마다 두 분을 위해 기도했다는 딸의 편지를 들으며 집사님 내외분은 왈칵 눈물을 쏟으셨다. 그리고 이처럼 믿음의 가정을 세워 주시고 감동을 주신 것에 감사하며 주님께 뜨겁게 기도하였다. 어린 아이부터 청년, 집사님, 전도사님들 모두가 그야말로 펑펑 울었다. 그곳에 모인 사람 모두가 한마음으로 울 수 있다는 사실이 처음엔 믿기지 않았다. 하지만 사랑 앞에서 모두가 무너져 내렸다. 고집 센 아이들과 청년들, 말썽쟁이 아이들까지도 고개 숙여 기도에 동참하는 모습은 정말 감동적이었다.

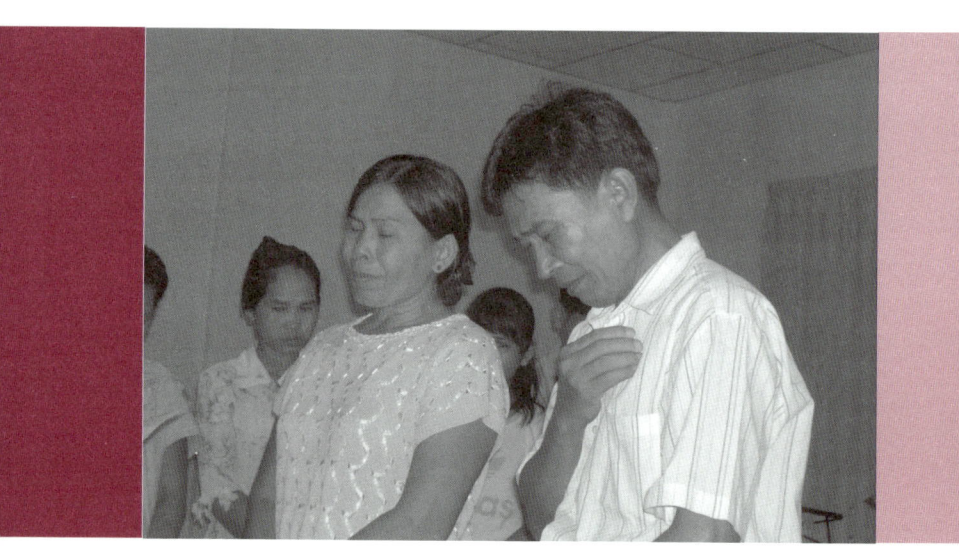

그중에서도 유난히 애절하게 통곡하는 자매가 있었다. 부모님이 일찍 돌아가셔서 홀로 지내는 스라이 노히 자매였다. 노히 자매는 어렸을 때부터 병에 걸린 엄마를 간호하며 빈민촌에서 살았다. 비록 부모님의 보살핌 없이 야생마처럼 자랐지만 총명하고 밝고 명랑한 아이였다. 엄마가 돌아가신 후에는 교회 친구, 언니 오빠들을 가족으로 삼고 살았다. 그러면서 엄마가 없는 아픔을 혼자 외롭게 쓸어내리며 눈물로 기도해왔었다.

엄마가 돌아가시기 전, 공부 열심히 하고 선생님 말씀 잘 들으라는 유언을 들은 노히 자매는 비록 다른 아이들보다 학교에는 늦게 가게 되었지만 모두를 제치고 1등을 하는 우등생이 되었다. 엄마가 생각나고 그리울 때마다 더 공부하고 주님께 기도하며 성실하게 살았던 것이다.

스라이 노히 자매에게는 미워할 아빠도, 보고 싶은 엄마도 없었다. 그녀는 편지를 써서 누구에게 주어야 하느냐고 물었다. 그녀는 부모님과 함께 기도하는 친구들, 언니 오빠들이 몹시 부러웠다. 결국 노히 자매의 아픔을 아는 친구들이 함께 부여잡고 눈물을 흘리며 진심으로 그녀를 위로해 주었다.

내 마음도 시리고 저리도록 아팠다. 엄마와 가족이 없는 이 아이들에게 좋은 엄마가 되어주어야 하는데…. 모든 면에서 부족하게 느껴진 내 모습에 가슴이 아팠다. 하지만 나는 기도하며 깨달았다.

4. 빈민촌 천사들

내가 그들에게 줄 수 있는 사랑은 캄연희의 인간적인 정이 아니라, 오직 예수그리스도를 통해서 공급되는 사랑이라는 것을 말이다. 그날 나는 하나님이 나를 통해 더욱 풍성하게 그들을 사랑해 주시기를 진심으로 기도했다.

기 1년만~ / 생각지 못한 장애물 / 2주간의 단기선교 / 캄보디아로 어학연수를 떠나요? / 나는 익명 선생님 / 선교 실습생 / 주님의 파송부 / 전도대장이 된 할머니 / NO PAIN, NO GAIN / 힘면해 보이기는 하지만 감사 / 복음은 트럭을 타고 / 축불처럼 사람을 / 꿈꾸는 아이 / 두 걸음 / 꼭 같이 되어드릴 게요 / 아흔아홉 살 할머니 / 어버이날의 눈물바다 / **시작된 아픔 다시 가면 안 될까요? 8일간의 기적** / 낯선 자매들 / 중국어 예배를 위해 / 보내주시는 사람들 / 드디어 예배를 / 이제는 아닙니다 / 속도에 타 들어 가다니 / 실명이라니요? / 비밀스러운 고민 / 결혼자 차를 드세요 / 빨리 오세요 빨리 / 케이유 마스코트 안디 / 베트남의 희망 비나 / 박강철 가문의 딸 리하나 / 날라리, 로아현 / 국가대표 탁구 선수 라본 / 파산 / 아버지의 행방불명 / 환난 중에 잠으며 / 쌍꺼풀 속 집안 꿈 / 아빠와 딸

5. 새롭게 하소서

chapter. 1

시작된 아픔

늘 건강하다고만 생각했었는데 어느 날 갑자기 속이 울렁거리고 메스꺼웠다. 모두가 잠든 한밤중에 화장실로 달려가 먹은 것을 다 토해냈다. 그리고는 갑자기 한기를 느꼈다. 밤새 잠을 못 이룬 탓에 아침이 되어도 몸을 일으킬 수가 없었다. 계속 침대에 누워서 빨리 일어나야겠다는 생각만 했다. 함께 사는 아이들과 해야 할 일이 많은데 이렇게 누워만 있는 것이 너무 답답했다. 하지만 몸이 말을 듣지 않았다. 머리가 지끈거리며 아팠다. 나는 몸살이라고 생각했고 동료 선생님들이 하루 쉬라며 나의 일들을 대신 해주었다.

동료 선생님들의 따뜻한 배려로 나는 모처럼 휴식을 취할 수 있었다. 홀로 침대에 누워 창밖의 하늘을 바라보고 있으려니 한국에 있는 가족들과 친구들이 그리워졌다. 알 수 없는 서러움이 밀려 왔고 그렇게 하루 종일 침대에 누워 있었다. 누군가로부터 위로받고 싶다는 생각이 들었다. 그동안 거의 매일 정신없이 배우고 가르치느라 가족들과 친구들을 생각할 여유가 없었다. 그렇게 지칠 줄 모르고 부어 주다 보니 이제는 내 안에 남은 것이 하나도 없는 것만 같았다.

'한 번도 아프지 않았는데… 1년이 거의 다 되어가는 지금 한국으로 철수하라는 의미일까?… 이대로 가야 하는 걸까?… 돌아가서 직장에 다니며 캄보디아 아이들과 청년들을 위해 물질로 후원해야 하는 걸까?… 하긴 내가 아니어도 다른 누군가가 지금 내 자리에 있을 수 있겠지… 내가 한국으로 돌아가도 빈민촌 아이들과 성도들은 잘 지낼까… 다른 선생님들이 더 많이 사랑해 주겠지….'

이런 저런 생각이 꼬리에 꼬리를 물며 계속 되었다. 동료 선생님들이 나의 사역을 대신하고 있는 때에 나는 이런 연약한 생각들로 시간을 보내고 있었다. 스스로를 자책하면서도 서글픈 생각들은 멈추지 않았다.

아프니까 부모님 생각이 제일 많이 났다. 그리고 마치 드라마처럼 꿈에 부모님이 나타났다. 꿈에 방문이 열리고 어둠 속에서 누군가 다가와 머리에 수건을 올려 주고 차가운 수건으로 나의 몸을 닦아 주기 시작했다. 처음에는 어머니인 줄 알았다. 그런데 정신을 차리고 보니 모히량 자매가 물수건으로 나의 몸을 닦아 주고 있었다. 눈물이 와락 쏟아지면서 나는 자매를 껴안고 한참을 울었다. 모히량 자매가 말했다.

"선생님… 울지 마세요. 엄마 아빠 보고 싶으시죠? 그래도 한국 가시면 안돼요. 제가 가족이 되어 드릴 게요…."

"그래… 하나님 안에서 함께 하는 우리가 진짜 가족이야… 가족들이 보고 싶긴 하지만 너희들이 있어서 외롭지 않아… 고마워."

그 후에도 매일 아침마다 통증이 계속되었다. 그러다보니 밤에 잠자리에 드는 것이 두려웠다. 다음날 느껴질 통증을 생각하면 머리가 아팠다. 특히 오른쪽 옆구리가 아팠는데 정확히 어디인지는 알 수 없었다.

결국 아침이 되었는데도 일어나지 못하자 아이들과 청년들이 내 일을 대신 해주었다. 그들 스스로 밥을 하고 가르치는 일을 했다. 정말 너무나 고마웠다. 나를 도와주고 위로해주는 빈민촌 아이들과 청년들로 인해 통증도 조금은 잊을 수 있었다. 그 때 결심했다. 이토록 나를 생각해 주고, 엄마처럼 따르는 아이들과 청년들을 두고 갈 수는 없다고… 어떻게 해서든 부모님을 설득하여 이 곳에 더 있어야겠다고 생각했다. 물론 허락하시지 않을 것 같아 두려웠다. 어떻게 말씀드려야 할지 막막했다. 하지만 나는 이들에게 사랑의 빚을 졌고 가족과 같은 이들을 도저히 떠날 수가 없었다. 갚아야 할 사랑이 너무나 많았기에 결국 나는 빈민촌에 더 있기로 작정했다.

 chapter. 2

다시 가면 안 될까요?

캄보디아에 온 지도 어느덧 1년이 되어 이제 한국으로 돌아가야 했다. 그러나 나는 이곳에 더 있어야겠다고 결심했고 결국 부모님께 허락을 받기 위해 2주간 한국에 다녀오기로 했다.

한국으로 떠나는 날, 나는 빈민촌 아이들과 청년들에게 다시 오겠다고 약속했다. 그리고 간단한 짐만 꾸려서 공항으로 향했다. 아이들과 청년들은 나를 배웅하겠다며 오토바이 한 대에 4명이나 타고 내 뒤를 따라왔다. 그 모습이 위험해 보여서 걱정되기도 했지만 나를 이렇게 사랑해 주는 빈민촌 아이들을 위해서라도 꼭 다시 와야겠다고 다짐하게 되는 계기도 되었다.

공항에서 헤어질 때는 아이들이 차례로 나의 볼에 뽀뽀를 해주며 빨리 돌아오라고 하였다. 그런 아이들과 헤어진 후 출국 신고를 마치고 혼자 앉아 있는데 하염없이 눈물이 흘러 내렸다. 사랑스러운 아이들과 청년들의 얼굴이 하나씩 떠올랐다. 그리고 혹시나 부모님이 반대하셔서 다시 못 오게 되면 어떻게 해야 할지 두려웠다.

처음에는 빈민촌 아이들과 청년들에게 내가 필요한 사람이라고 생각했다. 하지만 이제는 안다. 나에게 그들이 필요하다는 것을. '꼭 다시 돌아오자! 하나님께서 부모님의 마음도 움직여 주실 것을 믿자.'

한국에 도착하여 집에 가보니 아무도 없었다. 집에서 기르던 강아지만이 나를 반겨주었다. 저녁이 되어서야 가족들을 만날 수 있었다. 부모님은 이제 아주 온 것이냐며 무척 기뻐하셨다. 그 모습을 보자 다시 가겠다는 말씀을 어떻게 드려야 할지 더욱 걱정되었고 가슴이 두근거렸다. 저녁 식사를 마친 뒤 아버지가 나에게 말씀하셨다.

"그곳에 너를 보내면서 딱 1년 만이라고 이야기 했었다. 이젠 직장을 알아볼 거니? 앞으로의 계획이 궁금하네…."

나는 아무 말도 하지 못했다. 일단 부모님께 인범 선생님이 만들어 준 나의 캄보디아 사역 활동 동영상을 보여 드렸다. 그리고 왜 내가 그 땅에 있어야 했는지 설명하고 앞으로도 계속해서 빈민촌 아이들을 위해 사역하고 싶다고 조심스럽게 말씀드렸다.

순간 정적이 흘렀다. 부모님은 아무 말씀도 하지 않으셨다. 그렇게 침묵이 흐를수록 내 마음은 점점 초조해졌다. '반대하시면 어떡하지?' 앞이 캄캄했다. 잠시 후 부모님이 나중에 이야기하자며 이내 말문을 닫으셨다.

다음날 부모님 몰래 병원을 찾았다. 캄보디아에서 아팠던 증상들을 자세히 알아보기 위해서였다. 엑스레이도 찍고 소변검사, 피검사를 하고 장로님이신 의사 선생님께 그동안의 상황을 말씀 드렸다. 장로님은 3일 후에 검사 결과가 나온다며 그때 다시 병원에 오라고 하셨다.

병원을 다녀오니 마음이 한결 편안했다. 이제 부모님을 설득하는 것만이 남아 있었다. 나는 다시 아버지께 말씀드렸다.

"다시 가면 안될까요?… 저만 바라보는 빈민촌 아이들 때문에 도저히 한국에 있을 수가 없어요…."

아버지는 한참을 생각하시더니 이렇게 말씀 하셨다.

"네가 1년간 다녀오겠다고 했을 때 솔직히 이런 일이 일어나진 않을까 염려했었다. 정말 그렇게 될까봐 보내 놓고도 후회하기도 했다. 그래도 난 딱 1년이라고 믿었다. 가는 너야 잘 모르겠지만 이곳에 있는 가족은 마음이 무척 힘들고 어렵단다. 딸을 그런 척박한 곳에 보내는 부모 심정을 네가 알까 싶구나."

"아버지… 거기 그렇게 어려운 곳 아니에요. 오히려 그곳이 제가 가장 행복할 수 있는 곳이에요. 그리고 지금 그곳의 아이들이 저를 너무나 기다리고 있어요."

또 다시 침묵이 흘렀다. 그리고 잠시 후 아버지가 말씀하셨다.

"네가 가장 좋아하는 일… 그 길을 가겠다는데 막을 수가 없구나. 그동안 니 인생을 위해 도와준 것도 별로 없는데 너 혼자 열어가는 그 길을 어떻게 막겠니… 평생 그 곳에서 최선을 다하길 바란다…."

나는 나의 귀를 의심했다. 평생? 딱 1년만 더 있겠다고 설득해 볼 작정이었는데 아버지 입에서 '평생'이라는 단어가 나오다니… 아버지의 말씀은 마치 하나님께서 평생 내가 있어야 할 곳이 바로 캄보디아 빈민촌 마을이라고 말씀하시는 것만 같았다. 부모님이 승낙해 주시고 이해해 주시니 천군만마를 얻은 것처럼 든든했다. 그리고 다시 아이들을 만날 생각에 너무 행복했다.

하지만 다시 캄보디아로 갈 수 있다는 기쁨도 잠시였다. 병원에서 전화가 온 것이다. 검사 결과 폐에 이상이 있다고 했다. 그리고 생각보다 상태가 심각하여 외국으로 나가는 것은 몇 개월 후로 미뤄야한다고 했다. 그 얘기를 듣는 순간 눈물이 흐르고 앞이 깜깜해졌다. 아이들과 인사도 제대로 못하고 왔는데 그들을 다시 못 본다고 생각하니 나도 모르게 눈물이 쏟아졌다. 그날 저녁 늦게까지 나는 집에 들어갈 수가 없었다. 부모님을 보면 더 눈물이 날 것만 같았다. 어렵게 허락해주셨는데 만일 내가 아프다는 사실을 아시게 되면 절대로 보내 주시지 않을 게 분명했다.

캄보디아에 계신 목사님께 전화를 걸었다.

"목사님. 저 연희인데요. 제가 몸이 아파서 지금은 갈 수가 없대요… 이게 꿈이라면 좋겠어요… 이제 어떻게 해야 하나요…."

"연희야… 그러지 않아도 장로님께 이야기 다 들었다. 일단 부모님께 말씀드려라. 그리고 걱정하지 말고 캄보디아에 와서 요양하며 치료하는 게 어떨까 싶다. 우리 아버님도 10년 넘게 폐질환을 앓으셨기 때문에 그 병에 대해서는 잘 알고 있다. 이곳에서 요양하면서 삶을 역전시키시는 예수님을 믿어보자. 예수님만 생각하자…."

그 얘기를 듣자 더 눈물이 쏟아졌다. 아픈 내가 가게 되면 사역에 방해가 될 수도 있는데, 오히려 위로해 주시고 요양하며 병을 치료하자고 희망적으로 말씀해 주셨기 때문이다.

다음날 병원에 가서 의사 선생님에게 강요하듯 부탁드렸다.

"저는 2주 후에 다시 가야 해요… 여기 있을 수 없어요…."

의사 선생님은 나를 물끄러미 바라보시더니 일단 약물치료를 시작하자고 했다. 그러면서 상황을 지켜보자는 것이다. 그날부터 8

일 동안 나는 매일 주사 두 대를 맞고 네 번씩 약을 먹었다. 주사와 약 때문인지 별다른 일을 하지 않아도 금방 피곤이 몰려와 초저녁만 되어도 쓰러질 것처럼 힘들었다. 부모님은 매일 똑같은 시간에 병원에 가는 나를 보며 날마다 어디를 가느냐고 물으셨다. 그러면 나는 아무런 대답 없이 서둘러 집을 나서곤 했다.

 chapter. 3

8일간의 기적

남은 시간은 8일이었다. 8일 안에 모든 것을 결정해야 했다. 만약 8일이 지나도 상황이 좋아지지 않으면 빈민촌으로 가는 게 언제가 될지 예측할 수 없었다.

'나는 좋아져야 한다. 좋아져서 다시 빈민촌으로 가야 한다.'

이 말을 수도 없이 되새겼다. 하지만 내 마음 깊은 곳에서 또 다른 생각이 들기도 했다.

'아프니까 그냥 포기해 버릴까? 분명한 이유가 있으니 모두들 이해하지 않을까? 아무도 내게 뭐라 말하지 않을 거야…'

그때 나는 육체의 질병뿐 아니라 마음의 병으로 나 자신과의 전

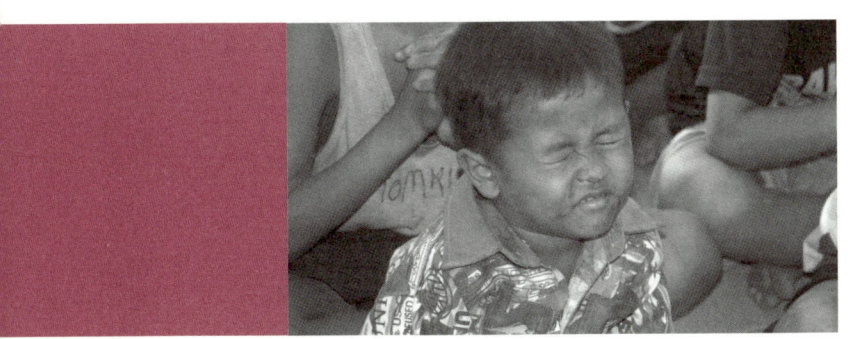

쟁을 치르고 있었다. 그리고 그 전쟁을 잠재워 준 것은 바로 빈민촌의 우리 아이들이었다. 하루는 아이들이 어떻게 지내는지 궁금해서 교회의 홈페이지를 열어 보았다. 그곳에는 아픈 나를 위해 울며 기도하고 있는 캄보디아 아이들의 사진들이 있었다. 나는 새삼 깨달았다. 나에게는 나를 엄마라고 생각하는 아이들과 청년들이 있다는 것을… 고마움과 그리움, 그리고 회개의 눈물이 내 얼굴을 적셨다.

'주님… 고작 8일로는 아무것도 달라질 게 없다는 걸 압니다. 하지만… 빈민촌에서 저를 위해 기도하는 가엾은 아이들을 위해서라도 저를 치유하여 주세요. 낫게 해주세요… 주님의 힘이 필요하고 기적이 필요합니다.'

캄보디아로 떠나기 전날, 마지막으로 병원에서 재검사를 받았다. 경과를 지켜봐야 했기 때문이다. 그리고 그 날 밤에는 온 가족이 함께 저녁식사를 했다. 인천에 계시는 할머니도 오셨다. 식사를 마치고 짐을 다 꾸린 후에야 나는 가족들에게 내가 아프다는 사실을 이야기했다. 나중에 알려드리는 것보다 말씀드리고 떠나는 것이 옳다고 생각했다. 가족들의 반응은 생각보다 심각했다. 엄마 아빠 할머니 모두 못 보낸다고 단호하게 말씀하셨다. 엄마는 눈물을 흘리시며 아픈 몸으로 어디를 가느냐며 안 된다고 소리 지르셨다. 물론 나도 마음이 아팠다. 엄마도, 아빠도, 할머니도, 나도… 모두가 엉엉 울었다.

나는 꼭 나아서 한국에 다시 오겠다고 말했지만 엄마와 할머니는 막무가내였다. 아빠도 엄마와 할머니의 마음을 이렇게 아프게 하고 가는 것은 허락할 수 없다고 하셨다. 그리고 거기 계시는 목사님과 다른 사람들에게 아픈 딸을 맡기는 것은 너무나 큰 폐를 끼치는 거라고 말씀하셨다. 그러나 내 마음은 이미 결정된 상태였고 부모님이 반대하셔도 어떻게든 공항으로 갈 생각이었다.

엄마와 할머니는 밤새 눈물을 그치지 않으셨다. 하지만 나는 정말로 캄보디아에 가고 싶었다. 부모님께는 죄송한 말이지만, 혹여 죽게 되더라도 그곳에서, 사랑하는 아이들 품에서 죽고 싶었다. 그만큼 나에게는 빈민촌 아이들이 소중했다. 또한 오지에 나가서 사역하다가 한국에 돌아와 몸져 누워있는 딸의 모습을 부모님께 보이고 싶지 않은 마음도 있었다.

떠나는 날 아침 일찍 엄마는 일을 나가시며 아빠에게 신신당부 하셨다.

"연희를 보내면 평생 가슴에 피멍이 들 거 같으니까 절대로 보내지 말아요."

나는 이 모든 게 꿈이었으면 좋겠다고 생각했다. 그리고 꿈에서 깨어났을 때 내가 빈민촌에 있으면 좋겠다고 생각했다. 아버지는 일도 나가시지 않고 나를 지켜보셨다.

나는 아빠에게 병원에 같이 가자고 하였다. 병원에 가서 캄보디아에 가도 되는지 의사 선생님께 들어 보자고 하였다. 병원으로 가는 동안 나는 아무 말도 하지 않았다. 그동안 아버지는 사업이 더 어려워져 우울증까지 걸리신 상태였다. 밤에 잠도 제대로 주무시지 못할 정도로 야위어가시는 아버지께 나는 더 이상 어떤 말도 할 수가 없었다. 아버지는 그 어떤 말보다 캄보디아에 가시 않겠다는 말을 기다리시는 것 같았다.

비행기 시간은 점점 다가오고 아버지를 설득할 시간도 점차 줄어들고 있었다. 병원에 도착하여 의사 선생님을 만났다. 의사 선생님은 전 날 촬영한 엑스레이 사진을 보여주며 말씀하셨다.

"보통은 몇 달을 치료해야 하는데 지난 8일 동안 정말 상상할 수 없을 만큼 호전되었습니다."

내 귀를 의심하지 않을 수 없었다. 벽에 걸린 엑스레이 사진은 내가 보기에도 8일 전의 것과 많이 달라져 있었다.

"이렇게 호전된 걸 봐서는, 1년 정도 꾸준히 약만 잘 먹으면 깨끗이 나을 수 있을 겁니다. 대신 약 먹는 것 잊지 말고 잘 챙겨야 해요."

아버지도 의사 선생님의 말씀에 안도하시는 것 같았다. 그리고 더 이상은 나의 캄보디아 행을 막을 수 없다고 생각하셨는지 공항행 택시에 함께 오르셨다. 나는 부모님을 실망시키지 않기 위해서라도 반드시 건강해져서 돌아오겠다고 말씀드렸다. 그리고 아버지의 손을 꼭 잡았다. 내 마음속 깊은 곳에서 뜨거운 눈물이 흘러 내렸다. 겉으로 내색은 안했지만 마음속으로 한없이 울었다.

아버지는 그동안 사업실패가 계속되자 비관적인 생각에 막다른 길로 가려고도 하셨다고 했다. 그리고 아픈 딸이 다른 사람들을 섬기는 좋은 일을 하는데 아버지가 도움이 되어 주지 못하는 것도 미안하다고 하셨다. 아버지는 그동안 엄마 아빠한테 말도 못하고 혼자서 얼마나 끙끙 앓았냐고… 앞으로 열심히 일하고 딸을 위해 꼭 기도도 하시겠다고 하시면서 마침내 참고 계시던 눈물을 쏟으셨다. 또한 엄마와 할머니는 아버지가 잘 설득하시겠다고 하셨다. 나는 지금도 그때의 아버지의 눈물을 잊을 수가 없다.

아버지는 공항까지 나를 배웅해 주셨다. 헤어질 때는 나의 손을 꼭 잡으시면서 희미하게 미소도 지어주셨다. 그렇게 나는 생각지도 않은 축복 속에서 다시 캄보디아의 빈민촌으로 돌아올 수 있었다.

  캄보디아에 도착한 후에 알게 된 사실이지만 엄마는 캄보디아 목사님께 전화하셔서 펑펑 우셨다고 한다. 아픈 딸을 보내도 되겠냐며 죄송하다고 우셨다는 것이다. 그 이야기를 들은 나는 눈물 흘리시던 엄마의 모습과 내 손을 잡고 애써 참던 눈물을 쏟으시던 아버지가 떠올라 하루 종일 펑펑 울었다. 그렇게 종일 울다 지쳐 잠든 후 정신을 차리고는 약봉지를 찾았다. 그리고 한보따리 싸 온 약을 비타민이라 생각하며 하루도 빠지지 않고 꼭 꼭 챙겨 먹겠다고 결심했다.

  '반드시 건강해 져야 한다… 나 자신을 위해서도… 가족을 위해서도… 그리고 나의 사랑하는 빈민촌 아이들을 위해서도… 나는 하루 속히 건강을 회복해야 한다.'

  그것이 나의 기도 제목이었다.

6. 중국대륙을 향해, 세계를 향해

딱 1년만… / 생각지 못한 장애물 / 2주간의 단기선교 / 캄보디아로 어학연수를 떠난다고? / 나는 원맹 선생님 / 선교 실습생 / 주님의 파출부 / 전도대장이 된 할머니 / NO PAIN, NO GAIN / 찬양학자 되다 / 리지만 감자 / 복음은 트럭을 타고 / 촛불처럼 사랑을 품는 아이들 / 유령가족 / 제가 딸이 되어 드릴게요 / 아흔아홉 살 할머니 / 어버이날의 눈물바다 / 시작된 아픔 / 다시 가면 안 될까요? / 8일간의 기적 / **낯선 자매들 / 중국어 예배를 위해 / 보내주시는 사람들 / 드디어 예배를 / 이제는 아랍어다** / 속눈이 타 들어 가다니 / 실명이라니요? / 비밀스러운 고민 / 결명자 차를 드세요 / 빨리 오세요, 빨리 / 귀여운 마스코트 완다 / 베트남의 희망, 베바 / 막강한 가문의 딸, 리히나 / 달라리, 로아핫 / 국가대표 탁구 선수, 라보 / 파산 / 아버지의 행방불명 / 환난 중에 참으며 / 성경책 속 십만 원 / 아빠의 편지

낯선 자매들

어느 날 두 명의 중국인 자매가 교회를 찾아 왔다. 중국에서 살면서 대만 선교사님으로부터 주님을 영접하게 된 두 자매는 근처 공장에서 직원들에게 기술을 가르치고 있었다. 그 동안 예배드리고 기도하고 싶었지만 교회에 다니면 왕따를 당하기 때문에 자신들이 크리스천이라는 것을 비밀로 한 채 외롭게 예배를 드리는 처지였다. 그녀의 중국어 성경책은 거의 닳아져 있었다. 오로지 성경책만 읽으며 말씀을 통해 위로를 받았던 것이다.

그 후 한동안 모습을 보이지 않다가 샤오찌엔 자매가 다시 교회에 나왔다. 반가운 마음에 안아주었더니 자매는 눈물을 흘리면서

본부소망교회

조심스럽게 이야기를 꺼냈다. 직장에서 일하는 기간이 만료되어 다음 날이면 중국으로 가야 한다고 했다. 하지만 그녀는 중국에 가지 않고 우리와 함께 있고 싶다고 하였다. 샤오찌엔 자매의 신실함과 결단에 감동을 받은 우리는 일단 교회에서 머무를 수 있게 해주었다. 사실 그녀는 남편과 일곱 살의 딸을 가진 기혼자였다. 주님을 영접한 후 극비리에 세례를 받고 가족들에게까지 핍박을 받았지만 끝까지 견디며 주님을 따르고 있었다. 직장에서 기독교인이란 사실이 알려져 많은 어려움을 겪고 마침내 중국 공안당원에게 잡혀 무수한 핍박을 당한 후 이곳 캄보디아까지 오게 된 것이었다. 캄보디아 여공들에게 봉제 기술을 가르치는 샤오찌엔 자매는 공장에서 일하면서도 예배드릴 곳을 찾기 위해 간절히 기도하였다. 뿐만 아니라 교회에 나와 예배드리고 찬양하고, 기도하며 공장 동료들을 전도하기 시작했다. 그러던 중 회사에서 크리스천이라는 이유로 견디기 어려운 핍박을 받게 되었다. 성경도 마음대로 읽을 수 없었고, 십자가 목걸이를 했다는 이유만으로 멸시를 당하기도 했다.

샤오찌엔은 자신이 크리스천이기 때문에 동료들이 좋아하지 않는다고 말하며 눈물을 흘렸다. 그럼에도 불구하고 자신은 주님을 외면하거나 떠날 수 없다고 고백했다. 매일 밤 잠을 이룰 수 없을 정도로 극심한 스트레스를 받았지만 그럴 때마다 더욱 열심히 기도했다. 그녀가 캄보디아에 오게 된 것과 이곳 빈민촌 교회를 만나게 된 것도, 모두 주님의 계획이었다며 연신 감사를 고백했다.

나는 그녀와 더 깊은 교제를 나누고 싶었지만 중국어가 서툴러 대화에 한계가 있었다. 그러한 어려움 때문인지 샤오찌엔 자매는 결국 가족 품으로 돌아갈 것을 결심하였다. 그리고 짧은 시간이었지만 사랑해 주고 보살펴 주어 고맙다며 눈물을 흘렸다.

종교 때문에 억압을 받지 않는다는 것이 얼마나 감사한 일인지 새삼 느끼게 되었다. 샤오찌엔 자매를 더 많이 사랑해주지 못한 것이 마음에 걸렸던 나는 그 일을 계기로 새로운 비전을 갖게 되었다. 그것은 바로 중국어를 공부하여 샤오찌엔 자매와 같은 중국 자매와 형제들에게 소망을 심어주는 사람이 되겠다는 것이다.

중국어 예배를 위해

 캄보디아의 수도 프놈펜에는 많은 중국인들이 살고 있다. 대부분의 상점과 식당들을 중국인들이 점령했다고 해도 과언이 아니며 심지어 우리 빈민촌 마을에까지 많은 화교들이 살고 있다. 그러나 우리 교회에서 중국어를 능숙하게 구사할 수 있는 성도는 중국인 학교를 다니고 있는 모히량과 스라이 뼈헐 자매들뿐이다. 특히 스라이 노히와 리히나 자매는 자신들에게 주어진 배움의 기회를 놓치지 않고 열심히 공부하여 당당히 전교 1등과 2등을 하였다. 물론 두 자매가 중국어를 배우는 것은 쉬운 일이 아니었다. 캄보디아 사람이 그것도 빈민촌에 살면서도 중국 화교들을 제치고 1등을 한

다는 것은 미국인이 한국학교에 와서 한국인들을 제치고 1등을 하는 것과 마찬가지인 것이다.

스라이 노히와 리히나 자매가 다니는 중국인 학교는 화교 학교로, 세계적으로도 가장 크고 많은 학생이 다니는 곳이다. 우리는 이들이 열심히 공부하여 다른 아이들에게도 중국어를 가르칠 수 있도록 두 자매를 선생님으로 임명하였다. 이곳 빈민촌에도 많은 중국 화교들이 살고 있기 때문에 귀한 일꾼으로서 사역을 감당할 것이 분명했기 때문이다.

중국의 영향력이 커지는 것을 보며 중국어 예배도 생각하게 되었다. 많은 중국인들이 공장에 다니거나 식당에서 일하는 것이 이곳 프놈펜의 현실이다. 사실, 중국에서 복음을 전하는 것은 여러모로 어려움이 많다. 하지만 이곳에 사는 중국인들에게는 감시하는 공안도 없고 예수님을 믿는다는 이유로 탄압을 받지도 않는다. 생각이 거기에 미치자 지금부터라도 중국어 예배를 준비해야겠다는 마음의 확신이 생겼다. 하나님 앞에서 마음속에 새겨둔 비전이 서서히 싹트고 있었던 것이다.

하루는 두 자매에게 중국어 성경을 나누어 주고 이야기를 나누게 되었다.

"너희가 중국어 학교에 가게 된 것은 하나님께서 주신 특별한 기회란다. 너희도 알다시피 프놈펜에는 중국 사람들이 굉장히 많이 있단다. 하지만 그 사람들은 주님을 알지 못하고 힘들고 괴로울 때마다 술 마시고 도박을 하며 삶의 기쁨을 찾지 못해 힘들어 하고 있어. 그들을 위해 우리는 눈물로 기도해야 한단다. 너희들에게는 특별한 사명이 있어. 중국 사람들은 자기나라 중국에서 복음을 듣기가 어려워. 때문에 하나님께서는 너희들을 통하여 프놈펜에서 일하고 있는 5만 명의 중국 사람들에게 복음을 전하기 원하실 거야. 열심히 기도하며 중국어 예배를 준비하자."

이야기를 들은 자매들의 얼굴에서 비장한 각오가 느껴졌다.

다음날 나는 자매들과 함께 중국어 예배를 위해 간절히 기도하였다. 현재 교회에는 중국어를 할 수 있는 성도가 일곱 명 정도 있다. 목사님과 나와 낙 전도사님, 그리고 네 명의 자매들이다. 지금은 비록 예배가 아닌, 중국어 기도회로 시작하지만 앞으로 2년 혹은 3년 안에 정식으로 중국어 예배를 드리게 되어 5만 명의 중국 청년들에게 복음을 전하게 되기를 기도한다.

배고픈 아이들과 가난이 대물림되는 가족들로 넘치는 빈민촌이지만 이미 시작된 복음의 불길은 큰 나라 중국 사람들을 통하여 열매 맺게 될 것이다. 캄보디아 빈민 마을에서 시작된 중국어 예배는 복음의 전초기지가 될 것이다. 복음이 동남아시아를 흘러 대륙에까지 이어질 수 있기를 간절히 소망한다.

chapter. 3

보내주시는 사람들

　중국어 예배를 위한 준비 기도회가 시작된 지 2주가 되었다. 첫 주에는 중국어 학교를 다니고 있는 스라이 노히와 리히나 자매와 여덟 살의 티다와 크황론 자매 이렇게 네 명이 참석하였다. 스라이 노히와 리히나 자매는 중국어 학교를 다니며 중국어를 배우고 있었기에 문제될 것이 없었지만 어린 크황론과 티다 자매가 온 것을 보고는 깜짝 놀랐다. 단순한 호기심으로 배우려는 것 같지 않았기 때문이다.

　크황론과 티다 자매는 빈민촌 판자집에 나란히 살고 있는 이웃이다. 그중 크황론 자매는 5남매 중 셋째로 위로 오빠가 둘, 밑으로 어린 동생이 둘이나 있어 아침부터 저녁까지 엄마를 도와 가사 일을 해야 했다. 학교에 다녀 본 적 없는 부모님은 아들들만 학교에 보내려 하고 딸인 크황론은 집안일과 장사를 시켰다. 때문에 여덟 살의 크황론은 고사리 같은 작은 손으로 매일 밥을 짓고 동생들을 보살피며 지냈다. 크황론의 어머니는 수박, 바나나, 망고 등 다양한 과일과 야채를 팔며 생활했는데 좁은 빈민촌 골목길에서 하루 종일 장사를 하여도 하루 수입이 한국 돈으로 500원도 안 될 만큼 매우 열악했다. 그만큼 빈민촌 마을은 서로 물건을 사줄 경제적 형편이 되지 않았다. 그 열악한 좌판 구멍가게마저도 유지하기가 쉽지 않아 수시로 업종을 바꿔야 했다. 그때마다 크황론은 학교도 가지 못한 채 네 살짜리 동생과 함께 엄마를 도와 좌판에 앉아 물건을 팔았다. 그러다가 우리 교회를 알게 되었고 우리와도 인연을 맺게 되었다. 비록 정식학교에는 가지 못했지만 주일학교에서 공부할 수 있고 또 영어, 중국어, 한국어까지 배울 수 있다는 사실에 어린 자매는 행복해 했다.

  우리는 중국어 예배를 위해 기도하면서, 동시에 중국어 성경공부 모임도 진행했다. 아무리 까다로운 숙제를 내 주어도 기쁨으로 순종하며 따르는 네 명의 자매들로 인해 나도 이후에 무엇을 더 가르쳐야 할지 늘 생각하게 되고 즐겁게 준비하게 되었다. 물새처럼 약한 선생님의 지시에 적극적으로 따라주고 성실히 수행하는 나의 제자들을 볼 때마다 그들이 자랑스러워 덩달아 의욕이 넘쳐났다.

빈민촌 아이들을 보면서 어렸을 때 선생님에게 순종하지 못한 나의 어린 시절을 떠올리고 회개하기도 했다. 내가 막상 선생님이 되어보니 순종이 얼마나 중요하고 우리 삶에 필요한 것인가 알게 되었다. 즉 모든 성장은 순종을 통하여 이루어진다는 것을 알았다. 그 당시에는 지도자의 판단보다 내 판단이 더 옳다고 생각했었다. 그러나 이제 와서 돌이켜 보니 내 생각의 크기가 종이컵이라면 지도자들의 생각은 큰 대접과도 같았다. 그러니 하나님의 생각은 얼마나 위대하고 크실지….

열심히 준비하는 아이들을 보면서 나도 더 열심히 중국어를 공부하며 기도로 준비하였다. 공부할 때마다 우리 모임의 비전이 떠올라 쉴 수가 없었다. 공부하고 또 공부하며 성경을 암송하고 성경 인물의 이름을 중국어로 알아가는 것이 재밌고 즐거웠다.

다음 주가 되자 전 주에 참석했던 네 명의 자매가 어린 동생들을 네 명 더 데리고 왔다. 이번에는 어린 남자 아이들이었다. 불과 한 주 사이에 인원이 두 배로 불어나 놀랐다. 갑자기 인원이 늘어나는 바람에 공부하는 책상과 자리가 부족한 상황이 되었다. 주님께 기도할 수밖에 없었다.

'주님… 저는 잘 모르겠어요. 도대체 무엇이 이 빈민촌 아이들을 중국어 기도 모임으로 인도했는지요. 제가 이렇게 많은 아이들을 가르칠 수 있을까… 아직 준비되지 못한 것 같은데… 물새는 아름답고 연약한 이미지를 연상시키지만 한편으로는 능력 없음을 표현하는 것 같아요. 주님은 연약하고 부족한 제가 폐병에 걸려 숨 쉬지 못할 때 호흡하게 해주셨습니다. 제가 빈민촌에 처음 왔을 때는 영어도 중국어도 전혀 모르는 무지한 선생님이었지만 빈민촌 골목길을 지날 때마다 무기력하고 배고픔과 사랑에 굶주려 허덕이는 사람들을 만나게 하셔서 새로운 비전과 목표를 주셨습니다. 끊임없이 저를 훈련시키시고 공부하게 하셔서 빈민촌 선교에 도구로 사용하여 주심을 감사합니다. 빈민촌 아이들과 청년들을 양육할 수 있는 지혜와 능력을 부어 주세요…'

차분하게 생각해 보니 준비가 따로 있는 건 아니었다. 늘 기도하고 열심히 살면서 주어진 상황에 충성하는 것, 앞에 놓인 난제들을 주님께 아뢰고 지혜를 간구하며 하나하나 해결해 나가는 것이 바로 준비라는 생각이 들었다.

우리는 중국 본토로부터 프놈펜에 와서 일하고 있는 5만 명의 중국 청년들에게 복음을 전하기 위해 기도하고 있다. 특히 다섯 가지 기도제목을 놓고 기도한다. 이 기도는 어린 티다부터 모임의 리더인 스라이 노히에 이르기까지 매번 모일 때마다 함께 나누는 기도제목이다.

1. 많은 중국인들과 화교들이 복음을 들을 수 있기를
2. 중국어 사역을 통하여 우리가 복음을 전하는 도구가 되길
3. 하나님과 부모님에게 순종하고 잘 훈련받아서 세상을 변화시킬 수 있는 리더가 되길
4. 이곳에서 훈련받는 청년들과 아이들 중에서 선교사가 나올 수 있기를
5. 친구들과 화목하게 교제를 나누며 예배를 드릴 수 있기를

감사하게도 많은 아이들과 청년들이 나에게 와서 중국어 기도회에 참석해도 되는지 묻는다. 중국어 예배를 위한 기도회가 더욱 활성화되고 준비될 때 주님은 비로소 우리에게 중국인들을 보내주실 거라 믿는다. 오늘도 나는 날마다 중국어 성경을 외우며 중국 선교를 위해 기도하는 캄보디아 아이들과 화교 청년들과 5만 명의 중국인들을 위해 기도한다.

 chapter.4

드디어 예배를

2009년 1월 4일, 처음으로 중국어 예배가 드려졌다. 새해 첫 주를 중국어 예배로 시작할 수 있게 되어 더욱 감사했다. 작년 11월 23일부터 중국어 기도 모임이 시작된 후 이 모든 것이 하나하나 진행되었다.

처음에는 어떻게 해야 할지 몰라 막막했다. 그래서 날마다 찬양을 가르치고 성경을 가르치며 오직 기도로 준비했었다. 그런데 어느 순간 아이들의 중국어 실력이 몰라보게 향상되어 있었다. 매일 내준 숙제 덕분인지 한문도 정성스레 잘 쓰게 되었다.

중국어 예배는 고사리 같은 두 손을 붙잡고 하나님께 드리는 우

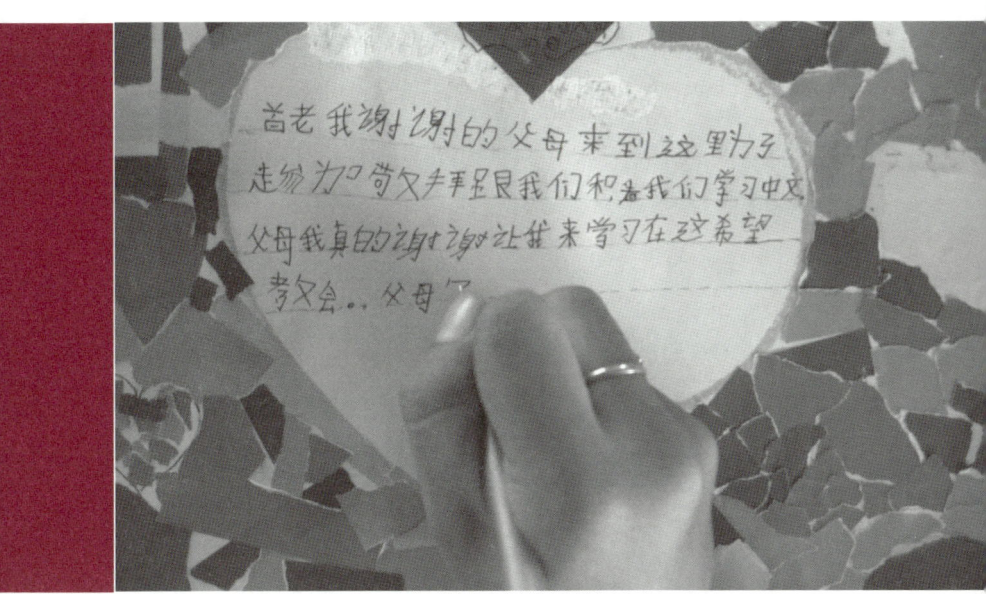

리 모두의 사랑이었다. 예배가 무엇인지 모르던 빈민촌 아이들과 화교 아이들이 프놈펜의 빈민촌 교회에서 애절한 마음으로 기도하였다. 특히 아픈 아이들과 교회에 나오지 못한 친구들을 위해 더욱 열심히 기도했다. 예배를 통해 우리는 하나님께서 빈민촌 아이들과 화교 아이들을 너무나 사랑하신다는 것을 알 수 있었다.

"하나님이 세상을 이처럼 사랑하사 독생자를 주셨으니 이는 저를 믿는 자마다 멸망치 않고 영생을 얻게 하려 하심이니라"

캄캄한 어둠 속에서 길을 잃고 헤매던 빈민촌 아이들을 사랑하시는 하나님은 그들에게 영생을 얻게 해주셨다.

헌금과 간증 시간도 갖고 예배 후에 중국어로 성경공부도 했다. 아이들의 두 손에는 꼬깃꼬깃 접힌 헌금이 들려 있었다. 1주일을 저금하며 준비한 그들의 헌금을 하나님께서 크게 받으실 거라 믿는다. 아무런 후원 없이 시작한 예배라 조금 걱정이 되었지만 고사리 같은 손으로 하나님께 드리는 헌금을 통해 중국어 예배가 자발적으로 운영될 수 있기를 기도했다.

본격적으로 예배를 드리면서 찬양대가 필요하다는 것을 알게 되었다. 그래서 찬양대 악기팀을 결성하고 기도와 함께 연습을 시작했다. 생각보다 많은 아이들이 자원했고 그들 모두가 적극적으로 참여했다. 어린 자매들이 드럼, 기타를 배우고 바이올린과 플루트, 피아노를 연습하며 행복해 했다. 심지어 여섯 살의 꼬마도 멜로디언을 배우겠다며 열심이었다. 화교 성도들이 생생하게 변화되고 발전하는 모습을 보며 그들을 위해 내가 할 수 있는 일은 기도밖에 없다는 걸 새삼 깨달았다.

이제 프놈펜의 5만여 중국인이 함께 예배할 날도 멀지 않았다고 믿는다. 그리고 그 예배를 통해 훈련된 중국인들이 본토 중국으로 돌아가면 대륙선교도 자연스럽게 이루어질 거라 생각한다.

처음 이곳에 왔을 때는 작고 가난한 지역의 어린 아이들을 돌보는 것이 전부라고 생각했었다. 지금처럼 중국과 세계를 품으며 미래의 지도자를 길러내게 될 줄은 꿈에도 생각 못했다. 역시 하나님의 방법은 인간의 생각과 달랐다. 너무 멋지셨다. 성령의 바람이 이곳에서부터 시작되어 중국 대륙에까지 이어지길 기도해 본다.

chapter. 5

이제는 아랍어다

중학교 때 친하게 지내던 친구와 나중에 대학생이 되면 아름다운 캐나다로 함께 유학을 떠나자고 말하곤 했었다. 비행기를 타고 날아가 영어도 배우고 외국인들과도 친구가 되어 멋진 커리어우먼으로 돌아오자고 약속했던 기억이 있다.

그러나 집안형편이 어려워지면서 나는 그 꿈이 내 현실과 맞지 않는다는 것을 알게 되었다. 그러한 실망감이 밀려올 때마다, 대신 외국에 다녀온 사람들의 기행서적을 읽으며 마음을 달래곤 했었다.

그런데 하나님이 당신의 방법으로 그 꿈을 이루어 주셨다. 나의 생각과는 전혀 다른 길이었지만 나에게 맞는 최고의 방법으로, 캐나다가 아닌 이곳 캄보디아로 나를 보내주신 것이다.

이곳에서 아이들을 가르치며 나는 영어뿐 아니라 캄보디아어, 중국어, 베트남어, 말레이시아어, 몽골어, 태국어, 그리고 아랍어까지 공부하고 있다. 우물 안 개구리였던 내가 이렇게 글로벌(?)한 사람이 될 줄은 생각도 못한 일이었다.

언제부터인가 캄보디아의 프놈펜은 국제도시로 거듭나고 있었다. 실제로 다양한 나라의 사람들이 이곳 프놈펜에 거주하고 있으며 전 세계에서 파견된 국제 구호단체와 NGO 조직들이 많아서 우리가 생각하는 것 이상의 국제도시로 변하고 있었던 것이다. 이것을 알고부터는 예전보다 더 열심히 공부하지 않을 수 없었다.

나는 고정관념을 깨지 못하고 정해진 틀 안에서만 생각하는 융통성 없는 사람이었다. 그런데 여러 나라의 언어를 공부하면서 그러한 성향이 점차 깨지기 시작했다. 언어는 한 나라, 한 민족의 문화이기 때문에 그 나라 사람을 이해하는 가장 좋은 도구가 된다는 것을 깨달았다.

또한 외국어 공부를 통해 얻게 된 또 하나의 성과는 내 안에 새로운 비전이 생긴 것이다. 그것은 바로 아랍어를 공부하여 주위에 있는 아랍 사람들을 전도해야겠다는 비전이었다. 물론 아랍 사람들을 전도하는 게 쉬운 일은 아니겠지만 중국어를 공부하여 화교들을 전도할 수 있었던 것처럼 주님께서 아랍 사람들에게도 복음을 전할 수 있는 기회를 주실 거라 기대한다. 그 비전을 품고 나는 독학으로 아랍어를 공부하기 시작했다. 그런데 다른 언어와 달리 아랍어는 책을 보기만 해도 머리가 아픈 복잡한 언어였다. 과연 내가 할 수 있을까 고민이 되었다. 선생님 없이 독학으로 공부하는 건 불가능하다는 생각이 들었다. 결국 선생님을 붙여 달라고 하나님께 기도할 수밖에 없었다.

그러던 중 튀니지에서 왔다는 아랍 사람 한 명을 만나게 되었다. 처음에는 나를 무척 경계하여 무뚝뚝하게 행동했지만 두 번째, 세 번째 만날 때 차츰 마음을 여는 듯 하더니 나중에는 아주 친절하게 아랍어를 가르쳐 주었다. 그는 자상하게 글씨도 써주고 발음도 몇 번씩 되풀이해 주면서 한국인 친구를 알게 되어 기쁘다고 했다. 발음이 너무 생소하고 어려운 것은 그에게 읽어 달라고 부탁하여 핸드폰에 녹음하였다. 그리고 그것을 수십 번 따라하며 연습했다. 문득 그 아랍인과 나의 인연이 재미있다는 생각이 들었다. 아랍어를 공부하겠다고 마음먹지 않았다면 그를 만나지 못했을 텐데… 하나님이 부어주신 귀한 생각이 점점 좋은 열매로 맺어질 거라는 확신이 들었다.

캄보디아에 처음 왔을 때, 나는 가난한 이 나라에 무언가를 가르쳐 주어야겠다고 생각했었다. 돌아보니 참으로 교만한 생각이었다. 그러나 지금은 그 반대이다. 나는 이곳 프놈펜에서 거대한 세계의 흐름을 접하고, 다양한 인종의 사람들을 만나면서 그 어디에서도 구할 수 없는 거대한 보석 같은 지혜를 얻고 있다. 이 모든 것이 하나님께서 나를 캐나다가 아닌 캄보디아로 보내신 이유였다.

7. 두 번 살리신 하나님

딱 1년만… / 생각지 못한 장애물 / 2주간의 단기선교 / 캄보디아로 어학연수를 떠난다고? / 나는 외맹 선생님 / 선교 실습생 / 주님의 파출부 / 전도대장이 된 할머니 / NO PAIN, NO GAIN / 캄연희가 되다 / 느리지만 감사 / 복음은 트럭을 타고 / 촛불처럼 사랑을 / 꿈꾸는 아이들 / 유령가족 / 제가 딸이 되어 드릴게요 / 아흔아홉 살 할머니 / 어버이날의 눈물바다 / 시작된 아픔 / 다시 가면 안 될까요? / 8일간의 기적 / 낯선 자매들 / 중국어 예배를 위해 / 보내주시는 사람들 / 드디어 예배를 / 이제는 아랍어다 / **속눈이 타 들어 가다니** / **실명이라니요?** / 비밀스러운 고민 / **결명자 차를 드세요** / **빨리 오세요, 빨리** / 귀여운 마스코트, 완디 / 베트남의 희망, 베바 / 막강한 가문의 딸, 리히나 / 날라리, 로아핫 / 국가대표 탁구 선수, 라보 / 파산 / 아버지의 행방불명 / 환난 중에 참으며 / 성경책 속 십만 원 / 아빠의 편지

 chapter.1

속눈이 타들어 가다니

눈이 빨갛게 충혈되기 시작한 지 2주가 되었다. 처음에는 피곤해서 그런 줄 알고 시간이 지나면 좋아지겠지 생각하며 대수롭지 않게 여겼다. 그런데 시간이 지날수록 나아지기는커녕 더 빨갛게 충혈되어 나중에는 눈을 뜨는 것조차 힘들게 되었다. 약국에서 구입한 약도 아무런 효과가 없었다. 심지어 컴퓨터 작업도 할 수 없었다. 한국이라면 곧바로 병원으로 달려갔겠지만 캄보디아 병원에 가는 건 왠지 엄두가 나지 않았다. 마음속에서 불안이 몰려왔다. 그러나 충혈과 통증이 더욱 심해져 결국 캄보디아 국립 병원 안과에 갔다.

검사를 마치고 의자에서 기다리고 있는데 갑자기 서러움이 복받쳐 눈물이 쏟아졌다. 진단 결과는 놀라웠다. 강한 자외선이 왼쪽 눈을 태웠다는 것이다. 의사는 즉시 응급 치료를 하고 특수 약을 제조해 주며 당분간 선글라스를 쓰고 다니라고 했다. 병원에서 나오니 목사님이 마중 나와 계셨다.

목사님을 보자 다시 눈물이 쏟아졌다. 예전에 목사님도 신장결석으로 프놈펜 깔멜 병원 응급실에서 홀로 계셨었는데 그때 너무 아파 눈물을 흘리셨다고 했다. 병원 시설이 한국에 비해 열악한데다 그렇다고 막상 한국으로 갈 수 있는 상황도 아니었기에 고통과 서러움이 밀려 왔다고 하셨다. 그것이 어떤 감정인지 알 것 같았다. 남의 나라에서 사는 것이 쉬운 일이 아니라는 것을 알고는 있었지만 몸이 아프면 이렇게 서러운 건지 몰랐다.

교회로 돌아오니 현지인 전도사들의 위로와 함께 기도하겠다는 문자 메시지가 왔다. 고마움에 또 눈물이 흘렀다. 하루 종일 계속 울고만 싶었다. 병으로 인한 서러움과 타국에서 주님의 나라를 위해 헌신하는 다른 선교사들의 고난을 생각하니 가슴이 짠하여 눈물이 멈추지 않았다.

처방대로 매일 약을 투여했지만 별로 나아지지 않았다. 처음에는 잠깐 좋아지는 듯 했으나 다시 충혈되고 통증이 심해져 결국 한국으로 갈 수밖에 없는 상황이 되었다.

 chapter. 2

실명이라니요?

인천 공항에 도착하자마자 근처 병원으로 갔다. 의사는 건조한 날씨 때문일 수도 있다며 좀 더 세밀하게 검사하자고 했다. 그런데 망막을 검사하는 도중, 갑자기 의사 선생님이 깜짝 놀라며 말했다.

"눈에 심각한 문제가 생겼어요. 지금 망막이 찢어져서 들떠있는 상태예요. 빨리 치료하지 않으면 양쪽 다 실명으로 이어집니다. 제가 아는 선생님께 추천장을 보내드릴 테니까 지금 빨리 응급실로 가세요."

의사 선생님은 직접 전화를 걸어 큰 병원을 알아봐 주었다. 삼성의료원 같은 큰 병원은 최소한 몇 달 전에 예약을 해야 진료를 받을 수 있는 곳이었지만 감사하게도 의사 선생님이 잘 아시는 교수님께 부탁을 드려 긴급 환자로 예약이 되었다.

나는 마치 쇠망치로 머리를 얻어맞은 것처럼 어리둥절했다.

'실명이라니요? 당장 수술하지 않으면 앞을 볼 수 없다니요? 이건 말도 안돼요… 실명이라니… 제발 꿈이길….'

의사 선생님은 너무 놀라서 멍해진 나를 안정시키며 말했다.

"조금 더 진행되었다면 정말 실명이 되었을 거예요. 지금이라도 발견되어서 다행입니다. 치료를 맡아주실 선생님은 이 분야에서 매우 실력 있는 교수님입니다. 빨리 가서 수술을 받으세요."

의사 선생님의 이야기를 듣는 순간에도 나는 멍한 상태로 정신을 차리지 못했다. 간호사에게서 진료 의뢰서를 받고 나서야 정신이 든 나는 생각할 겨를도 없이 허겁지겁 삼성의료원으로 뛰었다. 병원으로 가는 내내 불안과 초조함으로 머리가 아팠다. 작년에는 폐에 구멍이 생겨 1년 동안이나 약을 복용했는데 이제는 망막에 이상이 생겨 실명 위기에 처해 있다니 도저히 믿기지가 않았다.

'하나님. 저한테 왜 이러시는 거예요?'

나는 하나님을 위해 빈민촌을 선택했다. 그분께 나의 젊음을 드리고 싶었고 열심히 공부하며 빈민촌 아이들과 청년들을 돌보았다. 도와 달라는 아버지의 부탁도 뿌리치고 할머니의 만류에도 불구하고 선택한 길이었다. 그것이 결코 쉬운 결단이 아니었다는 것은 하나님께서도 아실 게 분명했다. 그런데 왜?

야속했다. 하나님의 일을 하려면 건강해야 하는데 결핵으로 피를 토하고 늑막염 때문에 고생하고 이제는 양쪽 눈까지 실명되어야 한단 말인가. 만 명에 한명 꼴로 생긴다는 망막박리가 왜 하필 나에게 일어나는 것일까.

하나님… 저는 아직도 해야 할 일이 많은데 왜 이런 일들이 있어야 하나요… 제발… 도와주세요… 실명이라니요….

난생 처음 와 본 큰 병원은 너무도 낯설었다. 대기실에 앉아 숨을 고르며 주위를 돌아보았다. 수많은 사람들이 진료를 받기 위해 기다리고 있었다. 내 차례가 되려면 적어도 한 시간은 기다려야 할 것 같았다. 한참을 기다린 후 의사 선생님을 만났다.

이유는 고도근시라고 했다. 이미 오래전부터 진행되었는데 지금까지 알지 못했던 것이 오히려 신기하다고 하였다. 위쪽 망막에 구멍이 생겼다면 이미 실명되었을텐데 다행히 아래쪽이어서 서서히 진행되고 있다고 했다. 먼저 레이저로 한쪽 눈을 치료했다. 처음에는 한 달 후에 다른 쪽도 수술하기로 했는데 갑자기 생각이 바뀌었는지 의사 선생님이 1주일 후로 예약을 잡아 주었다. 캄보디아로 가기 전에 양쪽 다 수술 받을 수 있게 된 것이다.

수술을 마치고 병원에서 나왔을 땐 해가 이미 저물어 있었다. 아침 7시경에 인천 공항에 도착했는데 가방을 들고 하루 종일 이리저리 뛰어다닌 탓에 저녁 일곱 시가 넘어서야 집으로 향하게 되었다. 가는 내내 눈물이 났다. 부모님께 어떻게 말씀드려야 할지 걱정도 되었다. 지난해 아픈 딸을 캄보디아로 떠나보냈던 부모님께 또 다시 슬픔을 안겨드려야 하는 현실이 무척 가슴 아팠다.

하나님께 눈물로 기도하며 지혜를 달라고 간구하였다. 그리고 집에 도착한 나는 용기를 내어 부모님께 모든 사실을 말씀드렸다. 그런데 뜻밖에도 부모님께서는 치료할 수 있어서 다행이라며 오히려 나를 위로해 주셨다. 예상치 못한 반응에 오히려 어리둥절할 따름이었다. 그런 가족의 따뜻한 위로가 나에게는 커다란 힘이 되었다. 하나님께서 나의 기도를 들으셨다는 확신이 들었고 마음이 담대해져서 만나는 분들마다 기도를 부탁드렸다. 그분들의 기도 덕분에 내 영혼의 슬픔은 어느새 기쁨으로 바뀌었다. 너무 늦지 않게 병원에 가게 하시고 치료를 통해 앞을 볼 수 있게 해주신 주님께 감사하고 또 감사했다.

스물다섯 살에 양쪽 눈 모두 실명될 뻔했던 나. 그래서 하나님을 원망하며 1주일간 폭포수처럼 눈물만 흘렸던 내가 역전의 하나님을 신뢰하기 시작했다. 슬픔은 기쁨과 미소로 바뀌었다. 볼 수 있다는 것만으로도 감사했다. 또한 앞으로 더욱 좋아질 거라는 믿음이 있었다.

  치료를 마치고 눈이 몹시 아파서 눈을 뜨지도 못한 채 의자에 잠시 앉아 있었다. 그때 어디선가 귀에 익숙한 목소리가 들려왔다. 인범 선생님이었다. 선생님은 내 손을 잡고 간절하게 기도해 주었다. 그리고 선생님의 교회와 프놈펜 빈민촌 교회에서 나를 위해 특별 새벽기도회를 시작했다는 소식을 알려 주셨다. 선생님은 빈민촌 교회의 모든 성도님들이 함께 기도하기에 주님께서 꼭 낫게 해 주실 거라고 나를 격려해 주셨다.

chapter. 3

비밀스러운 고민

수술도 잘 끝나고 이제 캄보디아로 돌아가는 일만 남았을 때였다. 그런데 출국하기 전날, 나는 바보처럼 이불을 뒤집어쓰고 소리도 내지 못하며 한참을 울었다. 조금 더 한국에 머물고 싶은 마음 때문이었다. 다음 날 아침, 공항으로 향하는 나의 발걸음은 너무나 무거웠다. 가족과 친구들을 남기고 다시 빈민촌으로 가는 게 갑자기 부담으로 다가왔다. 하지만 이런 마음을 아무에게도 털어놓을 수 없었다. 어렵게 허락을 받아 떠난 길이었기 때문이다.

누구에게도 말 못할 이 비밀스러운 고민이 머릿속을 가득 채웠다. 자꾸만 한국에 더 머물고 싶다는 생각이 들었다. 발걸음은 비행기를 향해 뚜벅뚜벅 걸어가면서도 마음은 점점 더 멀리 달아나고 있었다.

그러나 결국 캄보디아 행 비행기에 올라탔고 착잡한 심정으로 프놈펜 도착을 기다리고 있었다. 하염없이 눈물이 흘러내렸다.

"주님… 이 마음으로 어떻게 갑니까… 저의 이런 속마음을 그 누구에게도 말할 수가 없습니다. 한국에서 가족들과 함께 지내고 싶습니다. 친구들처럼 그냥 평범하게 살면 안 될까요? 부모님의 마음도 편하게 해드리고 열심히 일해서 가족들을 도와주면 안 될까요? 이렇게 빈민촌으로 가면 아이들과 청년들에게 미안해서 어떻게 하나요… 그들이 저의 진심을 알게 된다면 얼마나 실망할까요… 주님… 제발… 도와주세요. 제 자신이 너무 미워져요…."

그렇게 한참을 울며 기도했다. 그러자 놀랍게도 주님은 그런 내 마음을 부드럽게 위로하시고 어루만져 주셨다. 그리고 나를 기다리고 있을 빈민촌 판자집 아이들을 환상으로 보게 하셨다. 또한 나를 믿고 자신들의 미래를 상담하며 기도하는 청년들을 위해 다시금 기도하게 하셨다. 또 다시 한참을 울며 아이들을 위해 기도하자 빈민촌에 처음 가기로 했을 때의 그 설렘과 아이들에 대한 사랑이 나를 에워싸기 시작하였다.

비행기에서 착륙을 알리는 방송이 흘러나왔다. 그리고 잠시 후 나는 눈물 대신 미소로 아이들과 만날 것을 결심하며 공항 밖으로 나갔다. 그때 아이들과 청년들이 나를 발견하고 멀리서 뛰어오고 있었다.

"선생님!"

아이들의 두 손에는 꽃다발과 손수 만든 예쁜 색종이 목걸이가 들려 있었다. 순간 눈물이 쏟아졌다. 너무나 고맙고 사랑스러운 아이들… 나를 선생님으로 인정해 주고 존경해 주는 그들의 사랑이 나의 교만함과 이기심을 무너뜨리고 있었다.

고맙다. 얘들아… 사랑해 나의 천사들… 다시 시작하자… 처음 마음으로 너희들을 더 사랑할게….

7. 두 번 살리신 하나님

 chapter. 4

결명자 차를 드세요

미국에서 음악을 전공한 작곡가 지선 선생님이 빈민촌에 도착하였다. 한국에서 눈 수술을 받기 위해 두렵고 떨리는 마음으로 고민하고 있을 때 지선 자매님으로부터 전화가 걸려왔다. 한 번도 만난 적 없는 사이였는데 지선 자매님은 내 일을 자신의 일처럼 아파하며 위로해 주었다. 그래서인지 훗날 캄보디아에서 만나게 되었을 때 나는 지선 자매가 하나도 낯설지 않았고 마치 옛날부터 알고 지내던 친구처럼 편안하게 느껴졌다.

밤늦게 캄보디아 공항에 도착한 지선 선생님은 활짝 웃으며 우리를 반겼다. 외국 생활을 많이 해서인지 캄보디아의 낯선 상황을 오히려 즐기는 듯했다. 바로 다음날부터 지방에 있는 오지 교회로 가야했기 때문에 그녀는 도착하자마자 다시 짐을 챙겼다. 그리고 나는 옆에서 지선 선생님이 가방을 정리하는 것을 도와주었다. 그녀의 가방은 굉장히 컸다. 가방 안에는 작곡가답게 각종 악기들이 들어 있었다. 어린 아이들을 가르치기 위한 캐스터네츠, 실로폰, 멜로디언, 트라이앵글 등이 가방을 가득 채우고 있었다. 사탕, 과자, 소시지도 가득했다. 음악을 가르쳐 주려고 이곳까지 와준 것만으로도 고마운 일이었는데 많은 선물까지 가지고 온 선생님의 사랑에 모두들 행복해 했다.

짐을 다 챙긴 후 지선 선생님은 묵직한 봉투를 나에게 주었다.

"연희 선생님의 눈을 위해 어머니와 함께 기도했었는데, 어머니께서 결명자 차가 눈에 좋다고 하시며 수소문하신 끝에 결국 한국에서 수확한 결명자를 찾으셨어요. 날마다 드셔서 눈이 회복되길 기도할게요."

나는 너무 놀라 감사하다는 말 이외에 아무 말도 하지 못했다. 비록 친부모님은 아니지만 친부모님의 마음과 똑같은 사랑을 지선 선생님의 어머니로부터 받게 되어 너무 감사했다. 지선 선생님이 가신 후 나는 결명자 차를 끓여 보았다. 그리고 나중에 지선 선생님으로부터 결명자 차 끓이는 방법을 자세히 배우게 되었다. 배운 대로 끓인 결명자 차를 한 모금 한 모금 마실 때마다 선생님과 선생님 어머니의 사랑이 더 크게 느껴졌다.

결명자를 작은 화분에 심기도 했다. 그리고 라보 형제에게 사랑으로 잘 보살펴 달라고 부탁도 했다. 라보 형제는 자기가 책임지고 잘 키워 보겠다고 했다. 볕이 강하고 더운 캄보디아에서 결명자가 싹을 틔울 수 있을지는 알 수 없지만 잘 자라기를 소망하며 함께 화분을 붙잡고 기도하였다.

이처럼 만난 적도 없는 분들로부터 위로와 사랑을 받을 때마다 나 또한 이웃에게 그런 사람이 되자고 다짐하게 된다. 사실 눈 수술 이후 별다른 처방이 없어 가끔씩 밀려오는 불안이 종종 마음을 괴롭히고 있었다. 그런데 사랑의 결명자를 받은 후, 마치 생명수를 마시는 기분으로 날마다 차를 마시며 하나님께 감사기도를 드리게 되었다.

교회 마당에는 결명자가 심겨진 화분이 많이 있다. 알고 보니 결명자는 열대 기후에서 잘 자라는 식물이라고 한다. 게다가 빈민촌 아이들과 청년들이 내 눈을 치료해 줄 약이라며 정성껏 보살피고 있다. 그래서인지 생각보다 빨리 결명자 씨를 수확할 수 있었다. 청년들은 화분에서 수확한 것과 지선 자매가 준 것을 비교해 보며 날마다 확인하고 또 확인한다.

이후 언젠가 은혜교회 집사님 한 분도 실명 위기에 처했었다. 다행히 기적적으로 수술을 받아 위기를 넘겼는데 예전의 나의 상황이 떠올라 무척 마음 아팠다. 나는 그분께 결명자 씨를 드리고 기르는 법과 차를 끓여 마시는 방법을 설명해 드렸다.

결명자 때문에 생긴 재미있는 일도 있다. 하루는 평화교회 리더들이 본부 교회에 방문했다가 결명자를 보고 왜 유령식물을 키우냐고 물었다. 알고 보니 평화교회 근처에도 결명자가 굉장히 많이 자라고 있었는데 아무도 효능을 알지 못하고 관심을 가지지 않아 저절로 자라며 주변으로 퍼져가는 중이었다. 동네 사람들은 심지도 않았는데 저절로 자라는 그 식물을 유령식물이라고 부르고 있었다. 그 이야기를 듣고 배움의 중요성에 대해 새삼 느끼게 되었다. 결국 그들에게 결명자의 효능과 차를 끓이는 방법에 대해 설명해 주고 잘 활용하라고 일러 주었다.

한 알의 결명자 씨앗이 땅에 심겨져 싹이 나오고 잎이 달리고 열매가 열렸다. 그리고 그것은 나뿐 아니라 캄보디아에도 큰 의미가 되었다. 나와 은혜교회 집사님처럼 눈이 아픈 사람들에게 눈이 좋아질 수 있다는 희망을 가져다 준 것이다.

 chapter. 5

빨리 오세요, 빨리.

눈 수술을 한 지 5개월이 되어 검사를 위해 다시 한국으로 귀국해야 했다. 검사 결과를 알 수 없어 돌아오는 티켓은 끊지 않았다. 즉 내가 언제 돌아올지 아무도 알 수 없게 된 것이다. 한국으로 떠나는 날 아침, 아이들과 청년들이 모두 나와 어두운 얼굴빛으로 나를 바라보았다. 내가 돌아오지 않을 수도 있다는 두려움 같았다. 낙 전도사가 말했다.

"선생님… 교회에 더 많은 결명자 씨앗을 뿌려 놓았어요. 선생님이 오실 때쯤이면 새로 심은 결명자 싹이 많이 올라와 있을 거예요. 빨리 오셔서 결명자 차 드시고 회복되시기 바래요."

그 말을 들은 나는 반드시 나아서 빨리 돌아오겠다고 약속하였다. 이웃집에 사시는 99세의 할머니께도 집으로 찾아가 잘 다녀오겠다고 인사를 드렸다. 할머니 역시 빨리 오라며 계속해서 말씀하셨다.

"연희 선생님 러어(좋아요) 러어(좋아요)."

인사를 마치고 오토바이에 올랐다. 늘 지나던 길이었는데 갑자기 눈물이 났다.

'이곳을 다시 볼 수 있을까?'

여자 집사님들도 밥을 하다 말고 밖으로 나와 손을 흔들며 배웅해 주셨다. 나를 사랑해 주는 다정한 빈민촌 골목길… 낙 전도사가 운전해 주는 오토바이를 타고 가며 한참을 울었다. 나는 더 건강해져서 돌아오겠다고 다짐했다.

'나를 기다리는 아이들과 청년들에게 기쁜 소식을 가지고 돌아오자.'

두렵고 떨리는 마음으로 다시 삼성의료원을 찾았다. 정확히 5개월만이었다. 5개월 전에는 진료 받고 수술을 하느라 긴장할 여유도 없었다. 오히려 수술 이후, 나는 '혹시나… 혹시나…' 하는 생각과 가끔씩 엄습해오는 불안을 떨쳐버리지 못했다. 빨리 검사를 받고 다 나았다는 확답을 듣고 싶었지만 그럴 수 없었기에 기도만 하였다.

그날도 한참을 기다렸다. 나는 긴장하지 않으려고 음악도 듣고 병원에 있는 텔레비전도 보았다. 드디어 내 차례가 되었다. 의사 선생님은 나를 보더니 웃으며 말씀하셨다.

"지난 번 수술이 잘 돼서 진행된 게 없으니 다음에 한 번 더 와서 검진 받으세요."

하늘을 날 것처럼 기뻤다. 몸에 붙어 있던 혹 하나를 떼어낸 것 같은 기분이었다. 싱글 벙글한 얼굴로 진료실 문을 나서자 함께 온 인범 선생님이 말하지 않아도 결과를 알겠다며 함께 기뻐해 주었다.

'감사합니다. 하나님… 두 번씩이나 살려 주시네요….'

원래는 한국에서 2주간 머물 계획이었는데 갑자기 일정이 바뀌어 3주로 기간이 연장되었다. 하루하루 캄보디아로 돌아갈 날만을 손꼽아 기다리고 있을 때 한 통의 국제전화가 걸려 왔다. 처음에는 누구의 목소리인지 알아차리지 못했다. 바로 빈민촌의 낙 전도사였다.

"선생님… 언제 오시는 거예요? 혹시 무슨 일이 있는 거예요? 결과가 안 좋은가요? 빈민촌 아이들과 집사님들이 너무 너무 보고 싶어해요. 저에게 매일 선생님이 언제 오시는지 물어봐요. 전화 안

드리고 기다리려고 했는데 어젯밤 선생님이 도착하시는 꿈을 꾸었어요. 선생님, 너무 보고 싶어요."

계속해서 질문을 쏟아내는 낙 전도사의 목소리에는 행여 내가 돌아가지 않으면 어쩌나 하는 불안과 걱정이 섞여 있었다. 갑자기 그리움의 눈물이 흐르기 시작했다. 나를 이토록 기다리는 사람들이 있다는 게 너무나 행복했다. 내일 가겠다고 했더니 낙 전도사는 그제야 안도하며 그간의 안부를 물었다. 그날 밤, 나의 사랑스러운 아이들과 청년들이 보고 싶어 잠이 오지 않았다. 그들을 다시 만날 것을 생각하니 가슴이 설레었다.

공항으로 가는 내내 가슴이 뛰었다. 빨리 빈민촌에 도착하고 싶었다. 프놈펜으로 가는 비행기 안에서 나는 자꾸만 웃음이 나왔다. 지난번과는 너무 다른 상황이었다. 그땐 눈물을 흘리며 떠났는데 이번에는 기쁨과 설렘으로 떠나고 있었다. 주님의 은혜라고밖에 생각할 수 없었다. 이윽고 캄보디아 공항에 도착해 늦은 시각까지 나를 기다리고 있는 빈민촌 아이들과 청년들을 다시 만날 수 있었다. 고향에 온 듯 편안하고 행복했다.

다음 날 교회에 함께 살고 있는 어린 티다와 크황론 자매가 하얀 교복 차림으로 두 손에 신발을 들고 학교에서 돌아왔다. 전날 비가 많이 내려 거리에 물이 가득했는데 한국에 가면서 주었던 신발이 더러워질까봐 신발을 손에 들고 맨발로 걸어온 것이었다. 교복을 입고 있는 두 꼬마 천사의 모습을 보니 이들의 미래가 기대 되었다. 장차 얼마나 귀한 주님의 인재가 될까 생각하며 기도하는 마음으로 안아주고 뽀뽀해 주었다.

옆집에 사는 99세 할머니도 나를 보자 마치 미국에 사는 손녀가 돌아온 것처럼 기뻐하셨다. 나도 할머니가 너무 보고 싶었다며 손을 잡아 드리자 할머니는 전처럼 "선생님 러어! 러어!"를 외치셨다.

이와 같은 크고 작은 일들은 나의 평생에 잊을 수 없는 고귀한 선물이다. 때문에 나는 빈민촌의 물새 선생님으로 평생 이들과 함께 살고 싶다. 내가 가진 다른 것이 없었기에 드릴 수밖에 없었던 젊음의 십일조는 캄보디아 사람들에게도 나에게도 없어서는 안 될 귀중한 헌금이었다고 생각된다.

내가 만일 이곳에서 주님의 일을 하지 않았다면 만 명 중에 한 명 꼴로 발생한다는 내 눈병도 실명이 된 후에야 발견했을 것이다. 한국에 있었다면 안과에 가는 대신 안경집에 가서 안경 도수만 올렸을 것이다. 프놈펜 의사로부터 병의 심각성을 들었기에 큰 병원을 찾게 된 것이다.

또한 주님께서는 나의 시력을 지켜주시기 위해 좋은 의사를 만나게 해주셨다. 훗날 개인적으로 아는 의사 선생님께 들은 바로는 공항에 도착한 당일 사전 예약 없이 삼성의료원 같은 대형 병원에서 치료를 받는 것은 기적에 가까운 일이라고 하셨다. 즉 하나님께서 나를 위해 기적을 베푸신 거였다.

　편리하고 살기 좋은 한국에 있었다면 나만을 위해 살았겠지만 병마에서 두 번이나 구해주신 하나님의 은혜를 생각할 때 이제 이곳 빈민촌을 두고 가는 것은 상상할 수도 없는 일이 되어 버렸다. 평생 이곳에서 가난한 빈민촌 아이들과 함께 살고 싶다. 아름다운 세상을 볼 수 있는 두 눈과 다시 살게 해 주신 주님께 감사드린다.

　캄보디아에 올 때는 나 혼자였다. 그러나 이제는 혼자가 아니다. 나를 필요로 하는 빈민촌 아이들과 청년들. 그들이 바로 나의 가족이고 하나님께서 주신 선물이다.

멕콩강 빈민촌의 물새선생님

8. 천사들의 합창

딱 1년만… / 생각지 못한 장애물 / 2주간의 단기선교 / 캄보디아로 어학연수를 떠난다고? / 나는 와맹 선생님 / 선교 실습생 / 주님의 파출부 / 전도대장이 된 할머니 / NO PAIN, NO GAIN / 캄연희가 되다 / 느리지만 감사 / 복음은 트럭을 타고 / 촛불처럼 사랑을 / 꿈꾸는 아이들 / 유령가족 / 제가 딸아 되어 드릴게요 / 아흔아홉 살 할머니 / 어버이날의 눈물바다 / 시작된 아픔 / 다시 가면 안 될까요? / 8일간의 기적 / 낯선 자매들 / 중국어 예배를 위해 / 보내주시는 사람들 / 드디어 예배를 / 이제는 아립다다 / 속눈이 타들어 가다니 / 실명이라니요? / 비밀스러운 고민 / 결명자 차를 드세요 / 빨리 오세요 빨리 / 귀여운 마스코트, 완디 / 베트남의 희망, 베바 / 막강한 가문의 딸, 리히나 / 날라리, 로아핫 / 국가대표 탁구 선수, 라보 / 파산 / 아버지의 행방불명 / 환난 중에 참으며 / 성경책 속 십만 원 / 아빠의 편지

chapter. 1

귀여운 마스코트, 완디

완디는 빈민촌 마을에 살고 있는 다섯 살의 귀여운 소년이다. 완디는 굉장히 잘생겼다. 그러나 커다란 눈망울이 마스코트인 완디의 부모님은 빈민촌 판자집에서 무척 가난하게 살고 있다. 너무 가난한 나머지 완디의 어머니는 완디가 태어났을 때 교회의 한국 선생님에게 데리고 가서 키워 달라고 부탁할 정도였다. 가난하여 먹일 게 없으니 데리고 가서 키워달라는 것이었다.

어렸을 때 제대로 영양을 공급받지 못한 탓인지 완디는 빈민촌의 다른 아이들보다 말도 느리고 행동도 굼떴다. 그러나 아장 아장 걸을 때부터 주일학교에 나오기 시작하여 지금은 영어도 배우고 중국어도 배우고 기도도 아주 잘하게 되었다.

하루는 많은 아이들과 청년들이 함께 찬양하고 있는데 완디가 고개를 숙인 채 얼굴을 가리고 있었다. 처음에는 졸고 있는 줄 알았다. 그런데 똑바로 앉으라고 이야기하기 위해 다가가서 보니 완디의 얼굴이 핏기가 없고 힘들어 보였다. 물어보니 너무 배가 고프다고 하였다. 집에 쌀이 떨어져 며칠 동안 물만 먹고 교회에 왔던 것이다. 가슴이 찡했다. 예배를 마치고 집에 갈 때 간식을 주었다. 매주 예배 시간에 헌금을 하여 자체적으로 구입하는 간식이었기에 더욱 특별한 것이었다.

완디는 씩씩한 모습으로 다시 교회에 왔다. 놀랍게도 아버지의 손을 잡고 있었다. 다섯 살짜리 아이가 아버지를 전도한 것이다. 요즘도 완디는 주님 안에서 무럭무럭 자라며 날마다 쉬지 않고 교회에 나와 열심히 공부하고 있다.

한번은 중국어 예배팀이 그룹을 나누어 부활절 행사 연습을 하고 있었다. 리더들이 율동을 가르쳐 주고 어린 형제자매들이 앞줄에 서서 율동을 따라하는 식이었다. 그런데 자리에 앉아 있던 완디가 얼굴만 빨개진 채 꼼짝도 하지 않고 있었다. 율동하기 좋아하는 완디가 그런 모습을 보이자 다들 놀랐다. 잠시 후 완디는 두 손으로 바지를 잡고 뭐라고 소리치며 밖으로 뛰어나갔다. 알고 보니 완디는 그날 교회에 입고 나올 바지가 없어서 누나인 티다의 잠옷 바지를 입은 것이었다. 앉아서 공부만 하는 날이었으면 아무 문제가 없었을 텐데 하필 율동 연습을 하게 되어 연습 도중 바지가 계속 흘러내려가서 더 이상 서 있을 수 없었던 것이다. 어린 마음에 얼마나 속상하고 창피했을까… 누구에게 말도 못하고 본인 스스로 대처하려 했던 완디의 귀여운 행동이 나로 하여금 이곳 빈민촌을 더욱 사랑하게 만든다. 사랑스럽고 순수한 어린 아이들의 예쁜 마음이 언제나 나에게 힘을 준다. 또한 힘들 때나 아플 때마다 빈민촌 아이들, 그리고 청년들과 함께 한 일들을 떠올리면 늘 흐뭇하고 힘이 난다.

8. 천사들의 합창

 chapter. 2

베트남의 희망, 베바

베바 자매는 캄보디아와 베트남 국경지대의 난민 마을에 사는 열두 살 소녀이다. 우리는 베바 자매가 베트남의 희망이 되길 기도하며 그녀를 '베희망' 이라고 부른다.

베바의 집에는 뱀과 구렁이가 있다. 부모님이 집에서 각종 뱀을 키워 팔며 생계를 이어가기 때문이다. 항상 뱀과 함께 생활해서인지 베바에게는 정서적인 문제가 많았다. 어린 나이에도 불구하고 온 동네를 뛰어다니며 친구들을 진두지휘하는 골목대장이었다. 또한 남자 아이들처럼 행동하며 장난도 무척 심하였다. 대부분의 남자 아이들도 베바에게는 꼼짝 못할 정도였다.

그런 베바 자매가 어느 날 교회에 나오기 시작했다. 물론 교회에 와서도 언제나 대장이 되어 친구들을 지휘하며 놀았다. 캄보디아에 살면서도 캄보디아 말을 하지 못했기에 베트남 친구들하고만 놀았다.

우리는 베바가 베트남의 희망이 되어 주님을 전하는 자매가 되길 소망하며 프놈펜에 데려와 공부를 시키기로 하였다. 처음에는 부모님의 반대가 있었지만 베바가 가고 싶다고 하여 결국 허락을 얻어냈다. 베바의 아버지는 유난히 베바를 귀여워 하셔서 잠시 떨어지는 것도 원치 않았다. 그래서 처음에는 1주일만 프놈펜에서 공부시키고 다시 데려다 주었다. 그러다가 1주일에서 2주일, 그리고 한 달로 차츰 시간을 늘려가며 열심히 가르쳤다. 나중에는 베희망 스스로 공부할 정도로 프놈펜에서 적응을 잘하여 우리 사역자들을 흐뭇하게 했다.

그런데 베바의 동네에 이상한 소문이 돌기 시작했다. 우리가 베바를 프놈펜에 데려가 다른 사람에게 팔아넘긴다는 소문이었다. 너무 황당한 이야기였지만, 우리는 개의치 않고 계속해서 베바를 찾아가 부모님을 설득했다. 다행히 베트남의 리더로 키우려는 우리의 의지와 정성을 보신 부모님이 서서히 마음을 움직였다. 다른 이웃들이 무슨 소리를 하여도 우리를 믿고 딸을 교회에 보내 주었다.

희망이는 프놈펜에서 많은 것을 배워야 했다. 화장실의 좌변기 사용하는 방법도 배워야 했고 이빨 닦는 법, 머리 감는 법, 샤워하는 법 등도 익혀야 했다. 베트남 아이들은 전통 복장인 아오자이를 입을 때 속옷을 입지 않았다. 그래서인지 희망이에게 속옷을 사서 입혀 주었더니 매우 불편해했다. 그래서 왜 속옷을 입어야 하는지 설명해 주며 아오자이 대신 시장에 가서 예쁜 티셔츠와 바지도 사서 입혔다. 처음에는 이 모든 것을 어색해 하고 하기 싫다며 도망가기 일쑤였다. 그럴 때마다 꼭 안아주며 설명해 주고 기도해 주었다. 밥 먹는 것도 쉽지 않았다. 희망이는 부모님과 있을 때 하루 한 끼만 먹으며 살았다. 뱀을 팔아서 온 가족이 살아가기에는 하루 한 끼도 벅찼던 것이다. 그래서인지 우리가 하루에 세 끼를 먹고 밥과 반찬을 먹는 것을 보고는 매우 놀라워 했다. 한 번에 밥을 세 공기씩이나 먹기도 했다. 너무 급하게 먹는 바람에 며칠 동안 위장장애로 고생하기도 했다.

그러나 시간이 지나면서 말괄량이 베바가 서서히 변하기 시작했다. 마치 야생마가 훈련을 거쳐 명마로 변해 가는 것과도 같았다. 베바는 기나긴 고난의 훈련을 통하여 지도자가 되어 가고 있었다. 친구들과 노는 것을 더 좋아했던 희망이가 서서히 공부에 재미를 붙였다. 늘 부정적이고 삐딱했던 성격이 언제부터인가 모든 것을 수용하는 긍정적인 자매로 변해갔다.

이제 베바 자매는 누구를 만나든 차분하고 공손하게 웃으며 인사를 건넨다. 특히 요즘은 캄보디아 말과 영어를 열심히 공부하고 있다. 베바가 어느 날 어머니와 텔레비전을 보다가 캄보디아 글자를 소리내어 읽자 가족들 모두가 깜짝 놀랐다고 한다. 집에서는 캄보디아 말을 가르쳐 준 적이 없기 때문이다. 그날 이후 부모님은 베바가 교회에서 공부하는 것을 더욱 신뢰하고 기뻐하게 되었다. 이제는 교회에서 공부하는 모든 외국어와 성경공부, 그리고 암기한 찬양을 캄보디아어와 베트남어로 노트에 적어 자랑스럽게 엄마에게 보여주고 도장까지 받는다. 어려서부터 다양한 언어와 성경을 배우게 된 베트남의 희망, 베바는 이제 밖에서 놀기보다 공부하고 기도하는 것을 훨씬 더 좋아하게 되었다. 모쪼록 그녀가 무럭무럭 자라나서 캄보디아 안에 살고 있는 베트남 사람들에게 복음을 전하는 지도자가 되기를 소망한다.

 chapter. 3

막강한 가문의 딸, 리히나

예쁜 미소를 지닌 열네 살의 리히나를 만난 지도 벌써 4년이 되었다. 당시 열 살이었던 리히나는 빈민촌 마을 골목길에서 병든 아버지를 위해 날마다 요리를 하고 있었다. 아버지는 알코올 중독으로 일을 할 수 없는 상태였고 어머니가 공장에 다니며 겨우 생계를 이어가고 있었다. 처음에는 리히나의 가정에 대해 잘 알지 못했다. 그때는 내가 캄보디아에 온 지 얼마 되지 않아 빈민촌 아이들과 청년들에게 말을 거는 것이 조금 쑥스러웠기 때문이다. 그러나 이곳 상황에 서서히 적응하고 다양한 공부를 통해 영어, 중국어, 캄보디아어를 익히고부터 조금씩 자신감을 얻게 되었고 캄보디아

8. 천사들의 합창

성도들의 가정환경에 대해서도 좀 더 자세히 알 수 있게 되었다.

영양실조 때문인지 리히나는 작고 마른 체구로 조금은 어리숙해 보였다. 당연히 학교에도 다니지 못했다. 술만 먹으면 엄마를 때리는 아빠 때문에 리히나와 언니는 늘 공포 속에서 살고 있었다. 그리고 마을 사람들은 알코올 중독으로 항상 술에 취해 있는 리히나의 아버지를 보며 수군거렸다.

언니인 스라이 까하가 교회에 나오면서 리히나도 아버지 식사를 챙겨 드리고 하루에 한 번씩 교회에 나오기 시작하였다. 가난 때문에 학교에는 다니지 못하지만 항상 밝게 웃으며 인사하는 순수한 리히나를 보며 도와주고 싶다는 생각이 들었다. 언니가 학교에 가고 없을 때면 리히나 역시 교복을 입고 학교에 가는 것을 꿈꾸었다. 또한 언니처럼 공부를 잘하고 싶다는 소망을 가졌다.

그래서인지 리히나는 교회에 있을 때 가장 행복해 한다. 많은 친구들과 영어 공부를 하고, 찬양을 부르고 율동하며 기도하는 시간을 좋아한다. 빈민가에서도 가장 가난한 집에서 태어나 알코올 중독자인 아버지의 식사를 챙겨드리며, 친구들이 학교에 있을 시간에 집에서 살림만 해야 했던 리히나는 교회를 통해 새 삶을 살게 되었다. 알코올 중독자인 아빠를 위해 두 딸은 쉬지 않고 기도했다. 하지만 아빠의 알코올 중독 증상은 시간이 지날수록 더욱 심해졌다. 때로는 속옷만 입은 채로 빈민촌 골목을 돌아다니기도 하고 술을 마시지 않으면 금단 현상으로 몸을 떨고 포악해지는 등 여러 모로 문제가 되었다.

어린 두 자매가 아버지 때문에 고통스러워하고 눈물로 기도할 때마다 도와주고 싶었다. 그때 마침 본부 교회에 기숙사가 건축되어 두 자매가 교회에서 살 수 있게 되었다. 하나님께서 그들의 기도를 들으시고 응답하신 거라고 생각했다. 하나님을 믿는 것조차 포기하려던 두 자매를 하나님께서 그냥 두시지 않고 수렁에서 건져내주신 것이다. 두 자매는 교회에 들어와 살면서 대부분의 시간을 공부에 쏟았고, 하루 세 끼 맛있는 음식을 통해 영양을 보충받게 되었다. 특히 리히나는 꿈에 그리던 학교에 다니게 되어 너무 행복해 했다.

두 딸이 교회에서 살게 되자 공장에 다니느라 교회에 나오지 못했던 어머니도 교회에 나와 주님을 영접하게 되었다. 그러나 계속해서 술로 세월을 보내는 아버지는 점점 더 심각한 상황에 이르렀다. 알콜 중독 증상 때문에 정신마저 혼미해졌고 그런 아버지가 밖에 나가 술을 못 마시게 하기 위해 어머니는 밖에서 자물쇠를 채우기까지 했다. 조금 나아진 것 같아 방심한 날은 또 다시 술에 취해 리히나 자매의 어머니에게 심한 폭력을 행사하곤 했다. 결국 어머니는 두 딸에게 '너희가 살 곳은 교회밖에 없으니 선생님과 전도사님 말씀 잘 듣고 공부 열심히 해야 한다' 하는 말을 유언처럼 남기고 다른 지역으로 피신하였다.

그런데 아버지를 위해 밤마다 눈물로 간절히 기도하던 두 자매의 기도가 응답되는 날이 왔다. 어머니가 집으로 다시 돌아와 교회 여전도회에서 열심히 봉사하게 되었고 언제부터인가 아버지도 술을 입에 대지 않고 예배에 참석하게 된 것이다.

그러나 세계적으로 경제 사정이 나빠지고 공장이 문을 닫으면서 아빠와 엄마의 생계도 막막해지는 일이 벌어졌다. 모두가 안타까워하는 그때 다행히 엄마도 교회에서 함께 살 수 있는 길이 생겼다. 뿐만 아니라 착하고 순하고 부지런한 엄마가 교회 일을 많이 도와주고 전도하여 엄마의 친구들과 그 가족들도 예수님을 영접하게 되었다.

리히나 집은 빈민촌에서도 가장 가난한 집이었는데 어느새 가장 막강한(?) 가문으로 변해가고 있다. 알코올 중독자의 집안이 교회의 가장 중추적인 집안으로 바뀌고 있는 것이다. 새삼 하나님께 의지하며 사는 것이 가장 큰 개혁임을 실감한다. 또한 가난한 한 사람을 보살펴 주고 먹이며 후원한 일이 많은 사람들을 교회로 인도하는 결과를 낳은 것을 보며 이웃을 내 몸처럼 사랑하는 것이야말로 바로 진정한 전도임을 깨닫는다.

학교 다니는 것이 소망이었던 리히나는 이제 오전에는 중국어 학교에 가고 오후에는 캄보디아 학교에 다니느라 몸이 두 개라도 모자랄 지경이다. 리히나를 통해 기도하며 노력하는 사람에게는 주님께서 반드시 기회를 주신다는 것을 알게 되었다.

 리히나는 장차 주님의 나라를 위해 귀한 중국어 통역관이 될 것을 꿈꾸고 있다. 중국 학교와 캄보디아 학교 두 개를 다니고 있는 리히나가 실력 있는 파워 크리스천으로 무럭무럭 자라날 수 있도록 많은 응원과 사랑을 주고 싶다.

날라리 로아핫

한 소년이 매일 교회에 나오기 시작했다. 처음엔 외국어 공부를 하려고 오는 줄 알았다. 그런데 공부가 목적이 아니었다. 그 소년이 교회에 와서 하는 일이라고는 친구들과 장난치고 여자 아이들 주변을 맴도는 것이 전부였다. 그러던 어느 날, 소년이 주일 예배에 참석하였고 모두가 그 소년을 관심 있게 지켜보았다.

내가 특별히 그 소년을 기억하는 이유는 교회에 오면 가장 먼저 화장실로 들어가는 모습을 봤기 때문이다. 그는 화장실에 들어가 머리를 매만지며 무스로 굳은 머리가 흐트러지지 않았는지 확인하곤 했다. 뿐만 아니라 예배시간에도 몇 번씩 화장실을 들락날락했다. 행동하는 것도 깡패처럼 건들거렸다. 그의 이름은 로아핫. 열다섯 살의 소년이었다.

로아핫은 머리에서 발끝까지 평범한 데가 하나도 없었다. 머리는 무스로 한 가닥씩 곧추 세우고 옷도 엉덩이가 다 보일 만큼 내려 입어서 차마 볼 수가 없을 정도였다. 한눈에 봐도 불량기가 있는 소년이었다.

뿐만 아니라 그의 형은 동네에서 꽤 유명한 깡패였다. 형이 깡패라서 그런지 로아핫도 형을 따라다니며 깡패 흉내를 냈다. 그러다 교회에 예쁜 여자애들이 많다는 얘기를 듣고 교회에 나오게 된 것이다. 처음 교회에 왔을 때에는 예쁜 여자아이들을 사귀어 보려고 안간힘을 썼다. 그런데 차츰 뭔가 이상하다는 생각을 한 것 같다. 교회에서 열심히 공부하는 아이들과 청년들의 모습을 보고 자기와는 다르다는 것을 느낀 것이다. 율동도 잘하고 영어, 한국어, 중국어에다 베트남, 태국어까지 배우는 어린 아이들과 또래 친구들을 보며 그의 마음속에서 변화가 일어나기 시작했다.

방황하는 것처럼 보이던 로아핫이 지난 해 바이블 캠프를 통해 많은 친구들을 사귀게 되었다. 그 후 1년 동안 매일 교회에 나와 열심히 공부하며 교회의 모든 행사에 참여했다. 나 또한 그런 로아핫을 볼 때마다 잘한다고 칭찬해 주면서 묵묵히 그를 지켜보았다.

그러던 어느 날, 주일 예배 때 마이크를 설치해줄 스텝이 필요하게 되었다. 그때 문득 로아핫이 생각나 성가대, 설교 등 예배를 위해 봉사해 달라고 부탁했다. 마침 자신도 교회를 위한 무언가를 하고 싶었지만 마땅한 일을 찾지 못했던 로아핫은 나의 부탁에 흔쾌히 응해주었다. 한 주 뒤 예배 때 한 소년이 마이크를 옮기는 것을 보며 모든 성도들이 놀라워 했다. 그에게는 여전히 깡패 같은 성향이 남아있었기 때문에 예배를 위해 봉사하는 그의 모습이 모두들 낯설었던 것이다. 나도 처음에는 무슨 돌발 상황이 벌어지지는 않을까 하여 조마조마했다. 그러나 한 주 한 주 지나면서 더욱 진지해지는 로아핫의 모습을 보게 되었다. 그는 어느새 의젓하고 정성스럽게 마이크를 설치하며 예배를 돕는 신실한 청년으로 변해 있었다.

  주님을 알고 난 후 새로운 모습으로 자라나는 로아핫을 보면서 한 영혼이라도 소홀히 대해서는 안 된다는 교훈을 얻었다. 어쩌면 그는 평생 깡패의 길을 걸어갈 수도 있었다. 그의 형이 이미 그런 삶을 살고 있었기 때문이다. 로아핫이 교회에 처음 나왔을 땐 다른 아이들에게 나쁜 영향을 미칠까봐 걱정도 했었다. 교회 기숙사에서 살았다면 지속적으로 신앙교육을 시킬 수 있었겠지만 로아핫은 그런 상황이 아니었다. 그렇다고 멀리 떨어진 곳에서 스스로 교회에 나오는 것을 막을 수는 없었다. 교회에 오지 말라고 좋게 이야기를 해 볼까도 생각했고 조용히 상담을 해볼까 고민도 했었지만 그때마다 주님은 나에게 말씀하셨다. 내가 빈민촌에 온 이유는 사람을 차별하지 않고 사랑하기 위해서라고 말이다. 그랬다. 깡패처럼 무섭고 지도하기 어렵다는 이유로 한 영혼을 포기해 버리거나 방치하는 것은 주님의 방법이 아니었다. 로아핫 형제에게는 시간이 필요했다. 그동안은 깡패 형처럼 자신도 그렇게 살아야 하는 줄 알았던 것뿐이었다.

로아핫을 지도하는 데는 오랜 시간과 기다림이 필요했다. 만날 때마다 격려해 주고 기도해 주며 따뜻하게 품어주어야 했다. 다행히 교회 안에 선한 친구들이 많아 깡패 로아핫 형제도 조금씩 그들을 본받기 시작했다.

한 사람을 변화시키기 위해서는 먼저 그를 사랑해야 하고 베풀어야 하고 마지막으로 그 사람이 변할 때까지 참고 기다려야 하는 것 같다. 물론 가장 중요한 것은 하나님께서 그 변화를 주장하셔야 한다.

이제 로아핫이 방황하는 아이들과 청년들의 롤 모델이 되어 그들을 주님께로 인도할 수 있기를 바란다.

국가대표 탁구 선수, 라보

열여덟 살 라보가 학교에 잘 가지 않는다며 어머니가 교회로 찾아왔을 때 모두들 깜짝 놀랐다. 그가 학교에 가지 않는 이유는 더욱 놀라웠다. 잠. 즉 게으름 때문에 수시로 학교에 빠진다는 것이었다. 우리는 라보를 위해서 기도했다. 함께 기도하는 도중에 교회 집사님이신 라보 어머니가 눈물을 터뜨리셨다. 그리고 그런 어머니의 모습을 보고 라보도 느낀 바가 있었는지 자신의 습관을 조금씩 고쳐나갔다.

성실해져 가는 라보에게 나는 일부러 교회 일을 맡기곤 했다. 하루는 교회 바닥에 시멘트를 칠하는 것을 부탁했다. 처음에는 대충

하는 것 같았다. 그래서 음료수를 건네며 격려해 주었다.

"너의 수고로 교회 건물이 부서지지 않고 오랫동안 사용할 수 있게 되는 거란다. 너는 지금 정말 대단한 일을 하고 있는 거야."

그 말이 효과가 있었는지 라보는 바닥을 두 번이나 꼼꼼하게 칠하였다.

그 후에도 교회 건물 전체에 페인트칠을 하는 날이 있었다. 그때 누가 시키기도 전에 커다란 사다리에 올라가 페인트칠을 하고 있는 라보를 발견했다. 교회 식구들은 깜짝 놀랐다. 라보 스스로가 그 일을 즐거워하며 교회 건물의 외곽을 다 칠했기 때문이었다. 라보는 교회 일을 하면서 교회를 사랑하게 되었다며 나에게 잘했느냐고 물었다. 그 모습이 기특하고 대견해 나는 그의 등을 토닥여 주며 최고라고 칭찬해 주었다. 작은 칭찬을 통하여 라보는 조금씩 변화되었다. 이후에도 그는 교회 건물에 있어서는 전문가가 되었을 만큼 모든 교회 건물 보수공사에 적극 참여하고 있다.

라보가 점점 더 밝아지고 교회 일도 성실하게 수행하는 모습을 보면서 나는 그에게 리더가 될 수 있는 기회를 주고 싶었다. 그래서 어린이들의 영어 수업을 지도해 보라고 하였다. 처음에는 잘하겠다며 자신 있게 대답한 라보는 1주일 후 나를 찾아왔다.

"선생님… 애들이 말을 안 들어요…."

이 말을 마친 라보는 갑자기 울기 시작했다. 나는 깜짝 놀랐다.

청년이나 다름없는 라보가 이만한 일에 눈물을 흘리다니… 의욕을 가지고 노력했지만 처음 해보는 일이었기에 생각처럼 쉽지가 않았던 모양이다. 얼마나 힘들었으면 다 큰 청년이 이렇게 눈물을 흘릴까… 어떻게 해야 할지 몰라 막막했을 라보 형제의 모습이 그려졌다. 나 역시 선생님이기에 이해할 수 있었다. 아마도 처음 캄보디아에 왔을 때의 내 모습과 비슷했을 것이다.

나는 울고 있는 라보의 머리를 쓰다듬으며 이야기했다.

"라보야… 네가 선생님 말을 안 들었을 때 선생님이 어땠을 것 같니?… 선생님도 울고 싶었던 적이 한두 번이 아니야… 하지만 그럴 때마다 라보를 위해 더욱 기도했단다. 라보도 말 안 듣는 아이들이 있으면 붙들고 기도하고 사랑으로 감싸 주어야 해. 그래도 라보가 우는 걸 보니 이제 선생님 마음을 이해할 수 있을 것 같아 한편으로는 기쁘다. 그러니?"

라보는 고개를 끄덕였다. 그리고 나는 라보 형제의 눈물을 닦아 주며 기도해 주었다.

라보는 그때부터 학교와 교회에서 더 열심히 공부하며 아이들을 가르쳤지만 결국 교회 학교 선생님은 그만두었다. 대신 가르치는 일은 자기와 맞지 않는다며 다른 사역을 위해 기도하기 시작했다. 영어 공부도 하고 한국어 공부도 했지만 공부와도 거리가 멀었는지 며칠 후 포기해 버렸다. 한동안은 기타를 배우겠다고 들고 다니더니 그것 역시 도중에 그만두었다. 하지만 그는 포기하지 않고 계속해서 새로운 사역을 달라고 기도했다.

그러던 중 빈민촌 교회를 비롯한 모든 지방 교회에 탁구대가 배송되면서 탁구 사역이 시작되었다. 얼마 후 전교인 탁구대회가 열렸다. 그 소식을 들은 라보는 탁구채를 손에서 내려놓은 적이 없을 정도로 열심히 연습하였다. 그야말로 맹연습이었다.

이윽고 사랑의교회에서 제1회 탁구대회가 열렸다. 전교인이 모이는 대회였기에 모두가 연습을 많이 한 상태였다. 대회가 진행되면서 각 팀의 응원도 열기를 더했다. 첫 대회였기 때문에 결과가 무척 기대되었다. 마침내 개인전의 우승자가 발표되었다. 바로 모든 이를 놀라게 한 라보였다. 그때부터 모든 탁구대회에서 라보의 1등 소식이 전해졌다. 본부교회 내에서도 1등이었고 모든 교회가 모였을 때도 1등을 놓치지 않았다.

열심히 땀 흘리며 경기하는 라보의 얼굴은 진지함으로 가득했다. 해가 지날수록 늠름해지는 라보를 보며 그 어떤 개구쟁이도 칭찬과 사랑을 통하여 달라질 수 있다는 것을 깨닫는다. 탁구를 하면서 라보는 많이 달라졌다. 자신의 달란트를 찾았고 자신감도 갖게 되었다. 전보다 밝아진 모습으로 주일 예배 때 특송을 하기도 했다.

어느 날, 북경에서 중학교 때 탁구 선수였다는 분이 오셨다. 그리고 그분의 지도가 있은 후 탁구 선교는 한 계단 더 발전하게 되었다. 9개 교회가 모여 대회를 할 때는 그 진가가 발휘되는 순간이었다. 탁구 경기가 더 박진감 있고 경쟁자 또한 많아지면서 이제는 국가대표 탁구선수를 꿈꾸는 청년들이 많아졌다. 물론 라보도 그 중에 한 사람이다. 열심히 연습하며 국가대표 탁구선수가 되게 해 달라고 주님께 간절히 기도하는 라보가 너무나 자랑스럽다.

9. 역전의 하나님

딱 1년만… / 생각지 못한 장애물 / 2주간의 단기선교 / 캄보디아로 어학연수를 떠난다고? / 나는 외맹 선생님 / 선교 실습생 / 주님의 파출부 / 전도대장이 된 할머니 / NO PAIN, NO GAIN / 캄연희가 되다 / 느리지만 감사 / 복음은 트럭을 타고 / 촛불처럼 사랑을 / 꿈꾸는 아이들 / 유령가족 / 제가 딸이 되어 드릴게요 / 아흔아홉 살 할머니 / 어버이날의 눈물바다 / 시작된 아픔 / 다시 가면 안 될까요? / 8일간의 기적 / 낯선 자매들 / 중국어 예배를 위해 / 보내주시는 사람들 / 드디어 예배를 / 이제는 아랍어다 / 속눈이 타들어 가다니 / 실명이라니요? / 비밀스러운 고민 / 결명자 차를 드세요 / 빨리 오세요, 빨리 / 귀여운 마스코트, 완디 / 베트남의 희망, 베바 / 막강한 가문의 딸, 리히나 / 날라리, 로아핫 / 국가대표 탁구 선수, 라보 / 파산 / 아버지의 행방불명 / 환난 중에 참으며 / 성경책 속 십만 원 / 아빠의 편지

 chapter.1

파산

어느 날 한국에 계신 아버지가 캄보디아로 전화를 걸어 오셨다.
"내가 빈민촌으로 가면 할 일이 있니? 아무 일이나 할 수 있는 게 없을까?"
갑작스러운 질문에 나는 무척 당황했다.
"아버지가 하실 수 있는 일은 얼마든지 있죠. 그런데 갑자기 왜 그런 질문을 하세요?"
아버지는 웃으시며 그냥 한번 해 본 소리라고 하셨다. 그런데 며칠 후 또 다시 전화가 왔다.
"연희야… 아빠가 잠시 피해 있어야 할 것 같은데 빈민촌에 가

있으면 안 되겠니? 1주일 후에 아빠한테 큰 일이 생길 것 같은데… 거기서 일거리를 찾아보면 안 되겠니?"

아버지의 목소리는 떨리고 있었다. 무슨 일이 일어난 걸까. 숨이 턱턱 막혀 왔다.

"아빠가 부도가 날 것 같아. 앞만 바라보며 나름대로 노력해 왔는데 이게 끝인가 보다… 모든 게 아빠 탓이니까 아빠 혼자 도망가려고 했어. 그런데 가족들이 빚쟁이들에게 시달릴 생각을 하니 너무 암담해서 결국 엄마와 오빠도 다른 곳에 가 있기로 했어. 가족들에게 너무 미안해서 말도 못하고 있었는데 오히려 다들 따뜻하게 대해주어 아빠가 더 면목이 없다."

아버지는 울고 계셨다. 나는 아빠에게 무슨 말을 해야 할지 몰랐다. 아빠를 믿으니까 힘내라고만 말씀드렸다.

아빠의 사업은 늘 어려웠다. 그래서인지 아버지는 항상 우울하셨고 가끔은 극단적인 생각도 하신다는 걸 가족들도 눈치 채고 있었다. 힘들고 어려운 상황에서 긍정적인 생각을 한다는 게 쉬운 일이 아님을 잘 알고 있었기에 어떻게든 아버지를 위로하고 싶었다. 우리 가족 모두가 아버지를 믿는다고, 그러니 그 힘으로 버티고 부딪쳐 보자고 하였다.

"일단은 아빠가 어디로 좀 떠나야 할 거 같아. 지금 한국에 있으면 안 될 거 같아… 잠시 피해 있어야겠는데…."

이 모든 게 꿈이길 바랐다. 부도가 나서 캄보디아로 온다는 건 아무리 생각해도 좋은 해결책이 아니었다. 그러나 얼마나 다급하셨으면 딸이 봉사하고 있는 캄보디아로 오실 생각까지 하셨을까.

뉴스를 들을 때마다 생활고와 경제난으로 자살하는 가장들이 많다는 것을 알고는 있었다. 환율도 1달러에 1600원까지 올라 빈민촌에 있는 나의 사역비도 거의 반으로 줄어든 상태였다. 캄보디아 역시 경제적으로 타격이 심해 파산하는 식당과 회사들이 하나 둘 늘어나고 있었다. 한국 교민들도 본국으로 돌아간다는 소리가 제법 들려왔다.

아빠의 전화를 받고 나니 불안함이 밀려왔다. 진퇴양난이었다. 누구에게 터놓고 이야기할 수도 없었다. 한국으로 철수하여 아버지 옆에 있어야 하는 게 아닌가 하는 생각마저 들었다. 가족을 희생시키면서 내가 원하는 대로만 사는 건 아닌가 생각했다. 무조건 기도할 수밖에 없었다. 부모님을 생각하면 당장 한국으로 돌아가야겠다는 생각이 들고, 역경을 참으며 기도하는 빈민촌 아이들 역시 가엾다는 생각에 눈물이 흘러 내렸다. 어떻게 하는 것이 아버지와 빈민촌 아이들 모두에게 좋은 것일까.

얼마 후 엄마에게서 전화가 왔다. 아빠가 부도가 났는데 혼자 끙끙 앓고 계시다가 이제야 가족들에게 이야기했다고 하셨다. 덕분에 우리 가족은 모두 뿔뿔이 흩어져 지내게 되었다고 했다.

"그래도 너는 캄보디아에 있으니까 마음이 놓이는구나. 너무 걱정하지 말고 기도 많이 해주렴."

엄마의 목소리를 들으며 터져 나오려는 울음을 가까스로 참았다. 나까지 울면 엄마 마음이 더 아프실 것 같았다.

'하나님… 하나님 일을 위해 이곳까지 왔는데 왜 우리 가족을 안 지켜 주세요? 저는 가족에게 아무것도 해줄 것이 없는데 어떻게 해야 하나요… 가족들이 집도 없이 길에서 살면 어떡하죠? 저 혼자만 잘 지낼 순 없어요… 하나님… 제발… 도와주세요….'

 chapter. 2

아버지의 행방불명

며칠 후 한국에서 다시 연락이 왔다. 아빠가 어디로 가셨는지 알 수 없다는 것이었다. 아빠가 이곳 캄보디아에 오시겠다고 했지만 가족 모두가 반대했다고 하였다. 내가 여기서 혼자 사는 것도 아니기 때문에 나와 빈민촌 선교지에 피해가 될까 하여 극구 말렸다고 했다. 결국 아빠는 고심 끝에 지방 어디론가 가셨고 엄마도 거처를 찾아 일을 하며 지내셨다고 했다. 오빠도 혼자 방을 얻어 지냈다고 했다. 우리가 살던 집은 이미 다른 사람에게 넘어가서 기본적인 짐만 간신히 오빠 집으로 옮겼다고 했다.

이제 우리 집은 없었다. 가족들도 다 흩어져버렸다. 그럼 이제

나는 어디로 가야 하나… 한국에 가게 되어도 가족도 집도 없이 홀로 지내야 한단 말인가… 가족들의 얼굴도 가물가물한데 이러다 평생 못 보면 어떻게 하나?…

눈물이 흘렀다. 좋게 마음먹으려고 아무리 노력해도 슬픈 생각만 가득했다. 무엇보다 연로하신 할머니가 걱정이 되었다. 홀로 지내시는 할머니가 충격을 받지는 않으셨을까?… 걱정스런 마음에 할머니께 전화를 드렸다. 그런데 할머니는 오히려 나를 위로하셨다.

"너라도 거기에서 잘 지내렴. 하나님이 우리 손녀딸을 사랑하셔서 캄보디아에 두신 것 같다."

할머니는 더욱 열심히 기도하신다고 하셨다. 모든 것이 할머니의 잘못이라며 하나님께 기도할 게 너무 많아 하루가 모자라다고 하셨다.

두 달이 지났다. 아버지가 어디 계신지는 여전히 알 수 없었지만 다행히 엄마와 오빠는 잘 있다고 하였다. 생각날 때마다 가족의 평화를 위해 기도하였다. 그런데 갑자기 눈이 아파 오기 시작했다. 마침 한국에 가서 검진을 받아야 했지만 가고 싶지 않았다. 한국에 가면 나는 어디서 지내야 하나?… 나의 모든 것들이 다 사라졌다는 생각에 가슴이 아팠다. 한국에 가는 게 두렵고 떨렸다. 이제 의지할 곳이 없다는 사실도 너무나 서러웠다. 고아가 된 건 아니었지만 처음 겪는 외로움에 두려움 앞에서 무엇을 해야 할지 몰랐다.

한국에 도착하여 아는 장로님 댁에서 하루를 지내고 다음 날 오빠가 살고 있는 집으로 갔다. 오갈 데 없는 나를 항상 따뜻하게 맞아 주시고 숙식까지 제공해 주시면서 딸처럼 보살펴 주시는 이 장로님과 박 권사님이 너무 고마웠다.

오빠는 친구의 도움으로 월세방에서 살고 있었다. 그동안 오빠가 감당했을 어려움을 생각하니 미안하고 가슴아팠다. 그러나 오빠 앞에서 차마 울 수는 없었다. 오빠가 내 물건을 대충 챙겨 왔다며 보여주었다. 학창시절 졸업앨범과 사진, 그리고 옷 몇 벌이었다. 이 낯선 집에서 2주를 지내야 했다. 오빠는 혹시라도 내가 불편해 할까봐 많은 것을 배려해 주었다. 밖에 나갔던 내가 집을 잘 찾지 못할까봐 마중을 나오기도 했다.

할머니가 계신 인천에도 갔다. 할머니는 나를 보자마자 눈물을 흘리며 와락 안아 주셨다. 가난한 나라에서 고생하고 왔다며 시장에서 일하시는 다른 할머니들께 나를 자랑하셨다. 할머니와 이야기를 나누던 중 나는 놀라운 사실을 알게 되었다. 지방으로 돌아다니며 소식이 두절되었다던 아버지가 사실은 할머니 댁에서 지내고 계신 것이었다. 눈물이 핑 돌았다. 빨리 아빠를 만나고 싶었다. 할머니는 아버지가 지금 이 곳에 있는 걸 아무도 모르니 절대 내색하지 말라고 주의를 주셨다. 시장에 있는 아주머니들이나 집 주인이 알게 되면 소문이 나서 빚쟁이들이 찾아올지도 모른다고 하였다. 아버지는 할머니 집에서 밖에도 못 나오시고 숨어 지낸다고 하셨다. 외출도 못하시는 아버지를 어떻게 만나 뵈어야 할지 고민하며 할머니 댁으로 들어갔다.

아버지는 이발도 하지 못한 덥수룩한 머리로 나를 맞아주셨다. 그것은 내가 늘 기억하는 아버지의 모습이 아니었다. 아버지는 내가 온 것을 반가워 하시면서도 미안하신지 내 눈을 똑바로 보지 못하셨다. 그래서 나는 빈민촌 아이들과 청년들 사진을 보여 드리며 나의 제자들과 재밌게 지낸 생활들을 이야기해 드렸다. 중국어를 비롯해 각종 외국어를 공부하는 이야기와 빈민촌에서의 즐거운 일들을 아버지께 들려 드렸다. 사실 살기 힘든 빈민촌 생활은 늘 긴장의 연속이다. 상상도 못하는 변수들이 수시로 발생하기 때문에 항상 스트레스를 받고 있었다. 하지만 아버지께는 가능한 은혜롭고 감동적인 것만 말씀드렸다. 공연히 어려운 이야기를 꺼내서 가뜩이나 괴로운 아버지를 더 힘들게 하고 싶지 않았다.

다음날, 아버지가 나에게 말씀하셨다. 정말 도망가고 싶고 죽고 싶었지만 딸이 가난하고 불쌍한 아이들을 돕는 것을 생각하며 마음을 바꾸셨다고 하였다. 또한 가족과 떨어져서 한창 즐겁게 보낼 나이에 다른 사람을 위해 봉사하는 나를 생각하면 언제나 눈물이 나신다고 하였다.

그 말을 듣는 순간 나는 깨달았다. 가난한 빈민촌에서 선교하는 동안 하나님께서 우리 가족을 살리고 계셨다는 것을. 가족들을 주님 품으로 인도하시기 위해 이런 어려움도 주셨다는 생각이 들었다. 이런 일이 없었다면 현실에 안주하여 어쩌면 평생 주님을 영접할 수 없었을 것이다.

그날 밤, 하나님의 놀라운 계획에 감격하며 감사의 기도를 드렸다. 그동안 나는 빈민촌에서 주님의 일을 하느라 아버지를 위해서 기도밖에 할 수 없었다. 그런데 하나님이 미약한 내 기도에 응답하셔서 아버지의 생각과 마음을 주관하여 주셨던 것이다.

 chapter. 3

환난 중에 참으며

아버지는 숨어 지내는 생활이 불안하고 두렵다며 힘들어 하셨다. 사람들이 자기를 이해해 주면 좋겠는데 상황은 전혀 그렇지 않다는 것이었다. 아버지는 자신과의 싸움을 하고 있다고 하셨다. 나는 눈물이 쏟아지려는 걸 참으며 아버지께 말씀 드렸다.

"누구나 실수할 수 있잖아요. 우리 가족은 아버지를 믿고 있어요. 그리고 아버지가 다시 일어서실 수 있다고 생각해요. 그러니 다른 생각 하지 마시고 힘내세요. 빨리 함께 모여서 살아야지요. 좋은 생각만 하세요. 그리고 제가 드리는 빈민촌 아이들과 청년들 사진 보면서 힘내시고 생각나면 기도해 주세요."

딸로서 아버지께 이런 이야기를 드린다는 게 한편으로는 죄송했다. 그러나 캄캄한 길에 서 있는 것과도 같은 아버지께 나는 아무것도 해드릴 것이 없었다. 작은 손전등이라도 되어 드릴 수 있다면 좋으련만. 나는 정말 아무런 힘도 없었다. 내가 할 수 있는 거라고는 아버지가 어둠 속에서 스스로 빛을 향해 걸어 나오실 수 있도록 기도하고 위로하는 것뿐이었다.

아버지가 나를 위해 직접 아침밥을 해주셨다. 할머니 댁에 오신 후 할머니 식사를 직접 챙기신다고 하셨다. 요리와 설거지, 심지어 빨래까지도 아버지가 다 하고 계셨다. 예전에는 볼 수 없던 모습이었다. 아침밥을 차려 주시는 아버지의 뒷모습이 그날따라 작아 보였다.

그날 밤 엄마와 오빠가 할머니 집으로 왔다. 이 와중에도 온 가족이 다 모일 수 있다는 게 참으로 감사했다. 아버지도 오랜만에 가족이 다 모인 것을 기뻐하셨다. 나는 가족들에게 눈이 실명될 뻔했다가 기적적으로 수술하게 된 것을 이야기했다. 전에 아팠던 폐도 완전히 다 나았다고 말씀드렸다. 그렇게 캄보디아가 나를 두 번이나 살려 주었다고 말씀드리자 모두들 흐뭇하게 웃으셨다.

빈민촌으로 돌아가기 전날, 나는 평소에 잘 알고 지내는 장로님 댁에서 마지막 밤을 보내게 되었다. 오빠가 나의 짐을 가지고 장로님 댁으로 왔다. 장로님께 인사를 드리고 오빠를 배웅하기 위해 밖으로 나갔다.

"집 걱정은 하지 말고 몸 상하지 않게 잘 지내… 한국에는 오빠가 있으니까 걱정하지 말고… 아빠도 잘 되실 거야… 사실 오빠는 조금 외롭다. 가족도 있을 때 잘해야 한다는 걸 깨닫는 중이야. 앞으로 일도 더 열심히 할 거야. 아프지 마라… 내일 공항까지 바래다주면 좋을 텐데… 미안하다. 조심해서 잘 가고 가기 전에 꼭 전화해라."

오빠랑 헤어지고 집으로 들어와 이불을 뒤집어쓰고 울며 기도했다.

"소망 중에 즐거워하며 환난 중에 참으며 기도에 항상 힘쓰라"는 로마서 12장 12절의 말씀이 떠올랐다. 모든 게 잘 될 거라는 소망을 품기로 결심했다. 극한 환란과 지독한 고통이라도 끝까지 참고 또 참으며 항상 기도하기로 마음먹었다. 내가 할 수 있는 일은 오직 기도밖에 없었다.

오빠에게 미안했고, 엄마가 보고 싶었다. 자신과 싸우고 계시는 아빠가 안타깝고 연로하신 할머니가 불쌍했다. 나는 하나님께 울부짖었다. 가난한 빈민촌 아이들을 위해 살며 주님을 위해 일하는데 왜 가족들도 아프고 내 눈도 아파야 되는지 불평하며 울었다. 왜 하필 나에게 이런 어려움을 주시냐고, 이제는 제발 멈추어 달라고 그렇게 절규했다. 한국에 올 때마다 늘 힘든 일이 있었다. 폐가 아프고, 실명 위기에 처하고, 가족들이 흩어지게 되고….

하지만 나는 알게 되었다. 나를 다시 빈민촌으로 보내시기 위해 살리시고 나의 흔들리는 마음까지 굳게 해주시기 위한 주님의 계획이라는 것을 말이다. 한국에 올 때마다 이러한 어려움들이 있었기에 친구들도 만날 수 없었다.

젊음의 십일조….

모든 것이 불편한 나라에서 산다는 건 그리 쉬운 일이 아니었다. 빈민촌 아이들과 청년들에게 사랑을 주기 위해서는 감당해야 하는 어려움이 뒤따른다는 것을 알게 되었다.

쉽지 않은 길… 성경이 말하는 좁은 길… 그것이 나에게는 젊음의 십일조였다.

 chapter. 4

성경책 속 십만 원

캄보디아로 돌아와 마음을 추스르고 또 다시 사역에 힘을 쏟을 때였다. 어느 날 엄마에게서 전화가 왔다. 누가 아버지를 사기로 고소하였다는 것이다. 아버지는 감옥에 갈 각오를 하고 경찰서에 출두하신다고 했다. 이러한 상황을 전하시며 엄마는 나에게 기도를 부탁하셨다. 쏟아지는 눈물을 멈출 수 없었다. 아버지가 감옥에 가신다는 게 믿어지지 않았다. 죄를 지었으면 처벌을 받아야 하는 것이 당연하지만 인정하고 싶지 않았다. 아버지를 감옥에 보낼 수밖에 없다는 것이 너무나 마음 아팠다. 하늘에서 돈이라도 뚝 떨어졌으면… 그 돈으로 아버지의 빚을 다 갚아 줄 수 있었으면… 안타까운 마음에 이런 허망한 생각마저 들었다.

아버지가 딱 1년만 이곳에서 지내겠다고 하셨을 때 도와드렸다면 이런 일은 오지 않았을 텐데… 아니… 내가 1년만 사역하고 한국으로 돌아가서 취직하여 돈을 벌었더라면 어땠을까? 아버지를 도와 드리지 못하고 나의 행복만을 위해 달려온 것 같았다. 모든 게 나 때문인 것만 같았다.

그렇게 괴로워하던 나는 나도 모르는 사이 어느새 정신을 잃고 말았다. 갑자기 손발이 움직이지 않았다. 손과 발에 마비가 느껴졌다. 무작정 소리를 질렀다. 그러자 공부하던 스라이 초홉 자매가 달려와서는 나를 업고 소리를 지르기 시작했다. 교회의 모든 아이들과 청년들이 울면서 나를 차에 태웠다. 순식간에 일어난 일이었다. 정신을 잃으면서도 나는 아빠를 외치며 울부짖었다. 교회 아이들과 청년들도 나를 따라오며 모두 울고 있었다. 차에 탄 후에도 계속 울부짖는 나에게 스라이 초홉 자매가 한국말로 말했다.

"괜찮아요 선생님. 괜찮아요 선생님…."

이윽고 병원에 도착했다. 의사는 아무 이상이 없다고 하였다. 오히려 영문을 몰라 했다. 목사님께서 한국에 계신 의사 장로님께 전화를 걸어 물어 보셨다. 장로님은 큰 충격과 스트레스로 인해 나타나는 증상이라고 하셨다. 캄보디아 의사에게 이러한 사실을 이야기하자 안정제 주사를 놓아 주었다.

1시간쯤 후, 나는 안정을 되찾게 되었다. 눈을 떠보니 병원이었고 스라이 초홉 자매와 사랑하는 빈민촌 아이들이 울면서 나의 팔다리를 주무르고 있었다. 현지인 전도사들도 모두 달려와서 내가 의식을 찾을 때까지 기다리고 있었다. 밤 12가 지난 시간이었기 때문에 하는 수 없이 병원에서 하룻밤을 보내야 했다. 하지만 나는 그곳에 누워 있고 싶지 않았다. 지난 해 고인이 된 라나 자매가 있었던 곳이어서 더욱 그랬다. 빨리 교회로 돌아가고 싶었다. 결국 링거도 다 맞지 않은 상태로 교회에 왔다.

　돌아와 보니 늦은 시간인데도 어디선가 기도 소리가 들려왔다. 내가 병원으로 후송된 때부터 아이들이 나를 위해 기도하는 소리였다. 눈물이 핑 돌았다.

　교회 숙소에 누워 잠을 청하고 있을 때 누군가 링거의 주사 바늘을 빼려고 안간힘을 썼다. 스라이 초홉 자매였다. 순간 잠이 깨어 주변을 둘러본 나는 깜짝 놀랐다. 그 시간까지 리히나, 까치, 스라이 초홉, 노히, 페론, 빤냐하, 라보, 바랑, 사오핑 자매가 내 옆을 지키며 나를 간호하고 있었다. 페헤론 형제와 아이들이 나를 위해 기도하겠다며 나를 둘러쌌다. 캄보디아 말로 기도했지만 거의 다 알아들을 수 있었다. 고맙고 감사했다. 나를 위로해 주는 가난한 천사들이 나와 함께 살고 있다는 게 너무 행복했다. 나에게는 빈민촌 아이들과 청년들이 있었다. 모든 것을 다 포기하고 싶을 만큼 절망스러운 이때, 나를 안아주며 위로해 주는 가난한 아이들이 있었다. 이들을 세상 그 무엇과 바꿀 수 있을까?

다음날 마을에 내가 쓰러졌다는 이야기가 퍼졌다. 때문에 사람들이 만날 때마다 괜찮냐고 물어보며 관심을 가져 주었다. 심지어 교회에 나오지 않는 사람들도 아프지 말고 건강하라고 이야기해 주었다. 뜻밖의 위로와 격려에 힘이 났다. 한국에 계신 아버지께도 내가 사랑하는 빈민촌 사람들의 위로와 격려를 전해 달라고 주님께 간절히 기도 드렸다.

맡기자… 주님께 맡기고 기도하자… 아버지가 생각날 때마다 그렇게 기도했다. 그랬다. 내가 할 수 있는 것은 없었다… 오직… 주님께 맡기는 것뿐이었다.

얼마 후 어머니가 또 다시 전화를 하셨다. 아버지가 경찰서에 가시려고 준비하는 중이라고 했다. 아버지는 모든 짐도 함께 정리하는 중이라고 하셨다. 그런데 바로 며칠 전 성경책에 꽂혀 있는 십만 원을 발견하고는 엄마에게 전화를 걸어 눈물을 흘리셨다고 했다.

"연희 엄마… 하나님께서 날 사랑하긴 하시나봐… 성경책에 십만 원이 가지런히 꽂혀 있었어. 연희가 두고 간 건데 하나님께서 우리 연희를 통해 주신 것 같아… 새롭게 시작하고 싶어. 연희한테도 우리 가족에게도 부끄럽지 않은 사람이 될게."

이 말씀을 하시며 아버지는 많이 우셨다고 했다. 어머니가 말씀하셨다.

"연희야… 엄마가 교회에 나가서 기도하고 싶지만 지금은 나갈 수가 없단다. 너라도 대신 아빠를 위해 기도 많이 해줘. 엄마 몫까지 다 해줘."

주일 예배에 빠지는 법이 없으셨던 어머니는 식당일 때문에 나갈 수 없는 상황이었다. 나는 빈민촌 아이들과 청년들까지도 우리 가족을 위해 기도하고 있으니 힘내시라고 말씀드렸다. 하나님께서는 기도할 수 없는 어머니 대신 나의 또 다른 가족 빈민촌 식구들을 통해 기도하게 하셨다. 아버지에게 연락하고 싶었지만 꾹 참았다. 어디서 어떻게 지내고 계실까… 식사는 잘하고 계실까… 아버지에 대한 걱정이 밀려올 때마다 더욱 간절히 기도했다. 그러던 어느 날, 아버지에게서 전화가 왔다. 아버지는 내가 아무것도 모르고 있는 줄 아셨다. 그래서 나도 아버지께 아무것도 묻지 않고 빈민촌 아이들과 청년들이 우리 가족을 위해 기도하고 있다는 말씀만 드렸다. 아버지는 감동을 받으셨는지 떨리는 목소리로 나에게 열심히 공부하고 아이들을 더 사랑해 주라고 말씀하셨다.

그날 밤 꿈에서 아버지를 보았다. 꿈에서 만난 아버지의 얼굴은 너무나 슬퍼보였고 가족들도 모두 울고 있었다. 나 역시 소리내어 펑펑 울었다. 꿈에서 깨어난 후에도 여전히 눈물이 흘러내렸다. 당장 전화를 걸어 무슨 일이 생긴 건 아닌지 확인하고 싶었지만 그럴 수 없었다. 그저 무소식이 희소식이기를 바라며 기도하며 지냈다.

새벽 6시 40분, 전화벨이 울렸다. 001로 시작되는 전화번호였다. 전날 전화기를 진동으로 해 놓은 탓에 받지 못했었다. 오전 8시 10분에도 전화벨이 울렸는데 또 받지 못했다. 아버지일 것 같아 전화기를 손에 들고 있었다. 오전 9시, 또 다시 전화벨이 울렸다. 아버지였다. 아버지의 목소리는 생각보다 편안했다. 무슨 일 있냐고 다급히 묻는 나의 질문에 아버지가 말씀하셨다.

"부딪쳐서 해결해 보려고 했지. 영창에 갈 것을 각오하고 경찰서에 갔었다. 사기 건으로 고소되어 있더구나. 검사를 만나 거짓 없이 그동안의 일들을 이야기했다. 내가 잘못한 것은 인정하고 고의로 그런 것은 아니었기에 있는 그대로 진술했단다. 감사하게도 검사 분이 사기가 아니란 것을 알아 주셨어. 결국 일이 잘 되어 하루 만에 풀려나게 되었고. 숨어 지내는 동안 책도 보고 공부를 하였더니 내 자신이 좀 달라진 것 같더구나. 네가 빈민촌에서 날마다 기도하며 공부한다고 하여 아버지도 너를 생각하며 보내 준 빈민촌 아이들의 사진을 보며 힘을 냈단다. 그래서인지 고집과 아집에 둘러싸여 있던 내가 많이 달라진 것 같다. 공부를 한 탓인지 검사에게 진술하면서 조리있게 말할 수 있는 지혜도 생긴 것 같아.

이제 자유의 몸이 되었단다. 그리고 지난주에는 교회에도 나갔었어. 생전 처음으로 기도하는데 왜 그리 눈물이 나던지… 네 엄마가 많이 생각나더구나. 매주일 열심히 교회에 가며 기도하던 네 엄마는 교회에 가지 못하고 내가 교회에 나가게 되었다는 것이 참 마음 아프더라고… 기도하고 싶고 찬양하고 싶어 할 네 엄마가 생각나 한참 울었다. 엄마도 교회에 나갈 수 있게 해 주어야지.

기도하니 참 좋더라. 연희야 아버지가 이제부터 공부를 해야겠어. 공부하면서 할머니를 도우며 일자리를 찾아보려고 한다. 우리 연희가 아버지를 위해 더 기도해 줄 수 있겠니?"

하늘을 날아갈 듯 기뻤다. 가슴이 뻥 뚫린 것 같았다. 기쁨과 감격의 눈물이 흘러내렸다. 감사합니다… 하나님.

새롭게 시작하는 아버지를 위해 더 많이 기도하고 있다. 아버지도 이제 교회에 나가시고 할머니, 엄마, 오빠 모두 하나님을 믿는 가족이 되었다. 그렇게 소망하던 기도제목을 결국 이루어 주신 것이다. 그 모든 어려움을 역전시켜 주신 하나님이 참 멋지시다. 그간의 아픔을 통해 나는 많은 것을 배웠다. 가족의 소중함을 알게 되었고 주님이 주시는 고난은 위장된 은총임을 다시 한 번 깨달았다.

성경의 욥이 생각난다. 수많은 시련과 고난 중에도 하나님은 변함없이 나를 사랑하신다는 것을 알게 되었다. 가족이 뿔뿔이 헤어지고 아버지가 감옥에 가신다는 소리를 들었을 땐 온 몸이 부들부들 떨렸다. 엄마가 새벽부터 식당 일을 다니신다는 소식을 들었을 때는 가슴이 찢어지는 것 같았다. 갈 곳 없는 오빠와, 나이 드신 할머니가 추운 겨울에 혼자 장사하시는 것을 생각만 하면 하늘이 무너지는 것 같았다.

그때는 너무 힘들어서 모든 것을 포기하고 싶었다. 이런 상황에서 하나님을 위해 젊음의 십일조를 드린다는 것이 허망하게 느껴지기도 했다.

하지만 빈민촌의 가난한 아이들이 내 손을 잡고 울면서 기도해 줄 때 나는 서서히 힘을 얻기 시작했다. 내가 그 아이들을 돕는 것이 아니라, 그 아이들이 나를 살리고 있었다.

캄보디아 빈민촌에서 내가 만난 하나님은 역전의 하나님이시다. 가진 게 아무것도 없는 나는 단지 내 젊음의 한 시간을 드렸을 뿐이다. 그런데 하나님께서는 나에게 가장 필요한 것들을 풍성히 채우고 또 채워주셨다. 배낭여행도 다니고 싶고, 외국 유학도 가서 세계를 누비고 싶었지만 물질의 어려움 때문에 포기해야 했던 나에게 영어, 중국어, 태국어, 베트남어, 말레이시아어, 아랍어까지 다양한 언어를 배우게 하시고 다양한 민족의 사람들을 친구로 만들어 주셨다. 뿐만 아니라 중국 대륙과 아랍권 사람들에게까지 복음을 전하고픈 소망까지 심어주셨다.

빈민촌 아이들을 섬기러 왔다고 하지만 어느새 이 아이들이 나를 자라게 하는 것을 깨닫는다. 경제적인 문제로 가족 모두가 뿔뿔이 흩어졌었지만 어느새 온 가족이 주님 안에서 다시 세워졌다.

근사한 해피엔딩의 하나님. 통쾌한 역전의 하나님. 사랑합니다.

 chapter. 5

아빠의 편지

"연희가 태어났을 때 사업이 부도가 나서 딸을 시골 외삼촌 집에 맡기게 되었습니다. 유난히 아빠를 따르고 아빠 품에 안기길 좋아하는 어린 딸을 시골로 보냈습니다. 어린 딸이 너무나 그립고 때로는 걱정이 되어서 좀 한가해지면 시골로 달려가곤 했습니다. 어린 시절 좋은 추억도 만들어 주지 못했는데 서울로 데리고 와서도 많은 짐을 지게 했습니다. 어린 나이에도 부모의 형편을 이해하며 불평불만 없이 자랐습니다. 어려움이 닥쳐도 본인이 슬기롭게 풀어가는 것을 볼 때 참으로 기특하다고 여겼습니다. 사업을 하는 아빠로서 딸에게 배울 점이 많았습니다.

방학 때마다 캄보디아에 가는 것을 보며 견문이 넓혀지고 시야도 확장될 거라고 생각했습니다. 물론 어렵게 사는 후진국에 가서 고생도 해 보는 것이 앞으로의 사회생활에 많은 도움이 될 거라고 생각했습니다. 다른 부모들은 자식이 캄보디아로 간다고 하면 후진국이고 불안한 국가라서 다시 생각해 보라고 합니다. 그러나 연희가 캄보디아에 간다고 할 때마다 어디든 배움의 터전이 될 거라고 생각하였기에 연희의 의견을 전적으로 따라주었습니다. 그래서 연희는 저에게 고마워했습니다. 다른 부모님들은 자식을 믿어주지 않는데 우리 아빠는 믿어 준다고 친구들이 부럽다고 했답니다.

대학 졸업을 앞두고 취업할 생각보다는 빈민촌 아이들 이야기만 하였습니다. 설마 TV에 나오는 사람들처럼 캄보디아에 가서 살진 않겠지 생각했습니다. 설마하고 방심한 사이 딸아이는 취업 대신 캄보디아에 가고 싶다고 하였습니다. 대학을 졸업하면 취업하여 평범하게 살게 될 줄 알았는데 빈민촌에 가서 가난한 아이들을 가르친다고 했습니다. 참으로 암담했습니다. 대학을 졸업했다고는 하지만 딸아이가 한국보다 열악한 후진국가에서 생소한 환경에 적응하며 생활한다는 것은 상상만 해도 힘들었습니다. 킬링필드로 기억되는 무서운 학살국가에서 혹시나 위험이 닥칠까 걱정되었고 부모인 내가 못나서 우리 연희가 위험을 감수하면서까지 현실도피를 하는 것은 아닌가 하는 자책도 했습니다. 하지만 본인이 하고 싶어 하는 일은 다른 누구보다 본인이 더 잘 알 거라고 생각했습니다. 그래서 딸을 믿었습니다. 딸에게는 말하지 않았지만 수십 번, 아니 수백 번 고민했습니다. 허락은 했지만 떠나는 전날까지도 보내고 싶지 않아 잠을 이루지 못했습니다. 특히 연희의 할머니는 자나 깨나 손녀인 연희 걱정만 하셨습니다. 교회를 전혀 다니시지 않던 할머니께서 손녀가 캄보디아에 간 순간부터 새벽예배며 주일예배를 빠지지 않고 다니시며 기도하셨습니다.

1년을 약속하고 떠난 딸이 1년이 지나도 돌아오지 않아 전화를 걸었습니다. '연희야 왜 돌아오지 않니? 약속했지 않니…' 다행히 연희는 약속을 지키기 위해 한국에 왔습니다. 연희가 학창시절부터 다니던 교회의 장로님이 계신데 고등학교 때부터 가정형편이 어려운 것을 아시고 물심양면으로 보살펴 주셨습니다. 장로님이 의사 선생님이시라 외국에 갔다 오면 연희의 건강관리도 해 주셨습니다.

1년만에 돌아온 딸은 결핵에 걸려 있었습니다. 오래전에 발병했을 텐데도 모르고 있었던 모양입니다. 딸을 오지로 보내면서 염려했던 것이 그대로 현실이 되는 것 같아 많이 자책했습니다. '내가 왜 막지 못했던가… 어려운 나라로 가는 것을 막는 다른 부모들의 판단이 맞았구나…' 하고 후회도 했습니다. 다시는 빈민촌으로 보내지 않겠다고 다짐했습니다. 그런데 연희는 또 다시 캄보디아로 가겠다고 했습니다. 참으로 암담했습니다. 1년을 약속하고 보냈었는데 그 1년 동안 연희는 책임감을 갖게 되었던 것입니다. 딸은 이미 빈민촌 어린아이들의 엄마가 되어 있었습니다. 모든 사람에게는 각자의 소신과 감정이 있다는 것을 알기에 무작정 반대할 수도 없었습니다. 또 어릴 적부터 믿음을 주었던 딸이었기에 설령 어떠한 고난이 있더라도 연희가 그것을 반드시 극복할 것이라는 믿음이 있었습니다. 1년만에 다시 돌아온 딸의 건강 상태는 완쾌였습니다. 참으로 주님이 계신가보다… 생각했습니다. 비록 건강한 상태에서 병을 얻기는 했지만 병이 들어서도 주님의 일을 하는 딸을 보살펴 주신 주님은 참으로 복을 주시긴 하는구나 생각했습니다. 시간이 지날수록 처음의 근심은 없어지고 참된 삶을 위해 노력하는 딸 연희가 대견스럽고 자랑스러웠습니다.

가만히 딸의 이름을 불러봅니다. 연희야… 너에게 배우며 살고 싶은 것이 있다. 나에게 무능함보다 더 문제인 것이 바로 욕심과 아집이다. 나의 욕심과 아집을 떨쳐 버리지 못해 안타깝구나. 너는 너의 모든 것을 버리고 빈민촌 아이들을 위해 살고 있는데 말이야… 아빠도 계속 노력할게… 아빠도 아름다운 인생을 살고 싶구나. 지금은 연희 너의 모습을 떠올리면서 아빠의 못난 과거를 떨쳐 버리려고 한다. 너를 닮고 싶구나… 사랑한다 내 딸 연희야…"

에필로그

　대학시절, 하나님을 사랑하고 이웃을 사랑하면서 선교하는 것이 매우 중요한 일이라는 목사님의 설교 말씀을 듣고 가슴이 불타올랐다. 잘 알려진 기독교 서적과 기독교 텔레비전을 통하여 선교와 기도와 사랑의 중요성을 배운 나는 직장생활을 해 본 적도 없고 하나님께 드릴 물질도 없었기에 젊음의 십일조를 드리기로 결단했다. 오직 마음속에 가득 찬 열정만으로 젊음을 주님께 드리겠다고 다짐했던 것이다. 그렇게 빈민촌에 주님의 나라를 확장하려고 왔지만 오히려 나는 가난한 아이들로부터 많은 사랑을 받게 되었다.

　처음에 빈민촌에 왔을 때는 어떻게 해야 할지 몰라 매일 울기만 했다. 모든 것이 난감하여 어찌나 많이 울었는지 이러다가 빈민촌 골목이 물바다가 되는 건 아닌가 걱정이 될 정도였다. 그래서인지 언제부터인가 사람들이 나를 물새라고 부르기 시작했다. 실제로 물새라는 별명처럼 나는 매우 연약한 사람이다.

　국제 사회에 잘 적응할 수 있을 만큼의 실력이 없었던 나는 많은 공부를 해야 했다. 자식처럼 돌보아야 할 아이들을 가르치기 위해

석 달간 피눈물 나게 공부했다. 너무 힘들고 어려울 땐 하나님께 매달리며 기도했다. '하나님 도와주세요. 하나님의 도움이 절실히 필요합니다.' 이것이 나의 유일한 기도 제목이었다.

열심히 적응하여 사역에 힘쓸 때는 각종 질병에 시달렸다. 아토피성 주부 습진으로 손가락 피부가 갈라지고 피가 나기도 했고 폐결핵에 걸려 숨을 쉬는 것조차 힘들고 옆구리에 큰 통증을 느끼기도 했다. 그럴 때마다 빈민촌에 사는 가난한 아이들이 눈물로 기도하며 나를 일으켜 주었다. 나도 모르는 사이에 양쪽 눈이 실명될 위기에 처했을 때에도 나를 위해 주님께 호소하며 기도해 주는 가난한 아이들과 청년들이 있었다.

아버지가 파산했다는 소식을 듣고 기절하여 병원에 실려 갔을 때에도 빈민촌 아이들과 청년들이 나를 위해 울며 기도해 주었다. 밤새도록 나의 팔 다리를 주물러 주며 보살펴 주기도 했다. 배우지 못하고 가난한 빈민촌 아이들에게 많은 것을 가르쳐 주고 베풀어 주려고 했던 나는 오히려 그들로부터 위로와 사랑을 받고 있었다.

혹시 실명하게 되면 공부를 할 수 없게 될까봐 더욱 더 중국어 공부에 매진했었다. 그랬더니 하나님께서 그것을 기뻐하셨는지 어렵게 배운 중국어로 가난한 화교 아이들에게 복음을 전할 수 있는 기회를 주셨다. 하나님의 일은 도저히 이해할 수 없을 만큼 나의 생각을 뛰어 넘는 다이나믹한 역사였다. 나는 하나님께서 나에게 주신 빈민촌 아이들과 화교 아이들을 끌어안고 간절히 기도하였다. 그리고 그들을 잘 가르쳐 중국으로 베트남으로 태국으로 파송하는 것이 곧 나의 꿈이 되었다.

　부도 나고 파산한 우리 가족을 살펴 주신 하나님… 절대로 변하지 않을 것 같던 아버지를 새벽기도회에 나가게 해 주신 하나님… 그리고 내 소중한 두 눈의 실명을 막아 주신 하나님을 이곳 빈민촌에서 경배한다.

　나를 빈민촌으로 보내 주신 하나님께 감사드린다. 앞으로도 나는 빈민촌에 있는 가난한 양떼들과 함께 살 것이다. 모든 영광을 하나님께 드리면서….

에필로그

생명의말씀사

사 | 명 | 선 | 언 | 문

> 너희가 흠이 없고 순전하여……세상에서 그들 가운데 빛들로
> 나타내며 생명의 말씀을 밝혀 (빌 2:15-16)

1. 생명을 담겠습니다.
만드는 책에 주님 주신 생명을 담겠습니다.
그 책으로 복음을 선포하겠습니다.

2. 말씀을 밝히겠습니다.
생명의 근본은 말씀입니다.
말씀을 밝혀 성도와 교회의 성장을 돕겠습니다.

3. 빛이 되겠습니다.
시대와 영혼의 어두움을 밝혀 주님 앞으로 이끄는
빛이 되는 책을 만들겠습니다.

4. 순전히 행하겠습니다.
책을 만들고 전하는 일과 경영하는 일에 부끄러움이 없는
정직함으로 행하겠습니다.

5. 끝까지 전파하겠습니다.
모든 사람에게, 땅 끝까지, 주님 오시는 그날까지
복음을 전하는 사명을 다하겠습니다.

생명의말씀사 서점안내

광화문점 110-061 종로구 신문로1가 58-1 구세군 회관 2층
 TEL.(02) 737-2288 / FAX.(02) 737-4623

강 남 점 137-909 서초구 잠원동 75-19 반포쇼핑타운 3동 2층 전관
 TEL.(02) 595-1211 / FAX.(02) 595-3549

구 로 점 152-880 구로구 구로3동 1123-1 3층
 TEL.(02) 858-8744 / FAX.(02) 838-0653

노 원 점 139-200 노원구 상계동 749-4 삼봉빌딩 지하1층
 TEL.(02) 938-7979 / FAX.(02) 3391-6169

분 당 점 463-824 경기도 성남시 분당구 서현동 273-1 대현빌딩 3층
 TEL.(031) 707-5566 / FAX.(031) 707-4999

신 촌 점 121-806 마포구 노고산동 107-1 동인빌딩 8층
 TEL.(02) 702-1411 / FAX.(02) 702-1131

일 산 점 411-370 경기도 고양시 일산구 주업동 83번지 레이크타운 지하 1층
 TEL.(031) 916-8787 / FAX.(031) 916-8788

의정부점 484-370 경기도 의정부시 금오동 470-4 성산타워 3층
 TEL.(031) 845-0600 / FAX.(031) 852-6930

인터넷서점

http://www.lifebook.co.kr